새 옷을 입은 그리스도인

새 옷을 입은 그리스도인

지은이 주연종
펴낸이 안용백
펴낸곳 (주)도서출판 넥서스

초판 1쇄 인쇄 2010년 10월 25일
초판 1쇄 발행 2010년 10월 30일

출판신고 1992년 4월 3일 제311-2002-2호
121-840 서울시 마포구 서교동 394-2
Tel (02)330-5500 Fax (02)330-5555

ISBN 978-89-5797-398-1 03230

www.nexusbook.com
넥서스CROSS는 (주)도서출판 넥서스의 기독 브랜드입니다.

영성의 기초를 다지는
8주 제자훈련

새 옷을 입은 그리스도인

주연종 지음

넥서스CROSS

참된 인생의 목적을 찾아

제자훈련은 자신이 누구인가를 아는 것에서부터 시작됩니다. 예수님을 영접하고 갓 태어난 성도는 영적 유아라고 할 수 있습니다. 이때부터 시작되는 제자훈련의 여정은 자신의 좌표를 발견하고 삶의 목적을 분명히 할 때 힘차게 나아갈 수 있습니다. 정체성을 확실히 세우지 않으면 배움의 효과도 저하되고 훈련의 목적도 달성하기 어려울 것입니다.

이 책은 "도대체 나는 누구이며 그리스도인은 누구인가?"라는 질문에 대해 성경말씀에 기초를 둔 해답을 찾아가는 과정을 안내합니다. 우리 그리스도인은 새 옷과 새 안경을 착용한 사람입니다. 성경에서는 이를 "거듭났다" 혹은 "새사람이 되었다"라고 표현하고 있습니다. 그렇다면 거듭난 사람은 어떤 방식으로 생각하고 어떤 방향으로 가야 할까요? 이에 대한 해답을 찾고자 하는 분들에게 이 책이 도움이 될 것입니다.

먼저 각 과마다 꼭 알아야 할 내용을 자세히 기술하여, 인도자에 따른 편차를 줄이려고 노력했습니다. 특히 소그룹 교재로 사용할 경우, 인도자의 역량과 자질에 따라 제자훈련의 결과가 달라지는 일을 최소화하도록 했습니다. 또한 쉽고 재미있고 감동 위주이던 제자훈련에서 탈피하여 어렵더라도 알아야 할 내용, 나누어야 할 내용은 분명히 짚고 넘어감으로 기초가 강한 그리스도인을 세우는 데 의미를 두고자 했습니다.

이 책을 읽고 묵상하고 함께 나누는 과정을 잘 마친 후에는 그리스도인의 정체성에 대한 분명한 그림을 그릴 수 있을 것이라 확신합니다.

주연종

WHO IS

THE CHRISTIAN

1 이 책은 '그리스도인은 누구인가?'라는 주제하에 그리스도인으로서의 정체성을 확립하고 삶의 목적을 발견함으로써 신앙의 토대를 쌓는 데 중점을 두고 있습니다. 그러므로 본 교재를 시작하기 전에 《우리는 무엇을 믿는가》(주연종 지음) 또는 《당신은 행복하십니까?》(유기성 지음)를 먼저 읽거나 새신자 양육 프로그램에 해당되는 과정을 마치면 좋습니다.

2 각 과는 '오늘의 말씀'과 '오늘의 찬송', 그리고 본문과 '오늘의 찬송 2'로 구성되어 있습니다.

3 본문은 주제를 풀어가는 설명과 관련 성경구절들이 나오고, 그 설명을 토대로 질문에 답하고 서로 나누는 순서로 되어 있습니다.

4 설명 부분이 다소 어려울 수도 있습니다. 그러나 그리스도인으로서 꼭 알아야 할 내용들을 관련 성경구절을 인용하여 풀어서 정리한 것임을 기억하십시오. 조금만 주의를 기울인다면 신앙의 기초를 다지는 데 큰 자산이 될 것입니다.

1 이 책의 과별 표준 진행 시간은 90분입니다. 설명이 다소 추가되거나 나눔이 길어지면 120분까지도 가능한데, 그 이상은 참여자의 동의를 얻어서 진행하는 것이 좋습니다.

2 개회 기도에 이어 10분 정도 간단히 교제하고, '오늘의 말씀'을 읽은 후에 '오늘의 찬송 1'을 부르도록 인도합니다. 본문을 다 나눈 후에는 말씀을 반복해서 읽고 '오늘의 찬송 2'를 부른 후 기도로 마칩니다. 주제 찬송은 새찬송가에서 선정하였으나 인도자의 재량으로 재선정할 수 있습니다.

3 각 과를 시작하기 전에 이전 과에 대해 간단히 복습하십시오.

4 참석하기 전에 훈련자가 해당 과의 내용을 꼭 읽어오고, 관련 성경구절 중 수록되지 않은 부분들은 반드시 찾아보며, 나눔 질문들에 대한 답도 작성해오도록 합니다.

5 첫 시간에는 연락 및 간식 등을 담당할 총무(주무)를 선출하여 함께 팀을 이끌어갈 수 있도록 합니다.

6 평소 훈련자들을 위해 기도하며 그들이 영적으로 잘 성장해나갈 수 있도록 세심하게 배려합니다.

구원과
죄 용서의 확신

1980년대 대중가요 가사 중 '오늘은 이 사람, 내일은 저 사람, 언제나 나는 내가 아닌 사람'이라는 내용이 있습니다. 자연에 대한 정밀한 관측, 인체에 관한 깊은 연구로 과학이 발달하고 인간의 지식은 더 확대되었지만, 정작 자신의 존재에 대해서는 여전히 회의하고 있는 현대인의 자화상을 그대로 드러낸 노래입니다.

내가 누구인지를 모르기에 상대에 대한 이해도 부족하게 마련입니다. 40대를 지나 50대에 접어들면 인간은 한 번쯤 자신의 정체성에 대해 혼란을 경험하게 되는데 이를 '중년의 위기'라고 합니다. 선진국에서는 이 중년의 나이에 자살을 많이 시도하는 것으로 보고되고 있습니다. 우리나라도 2009년 한 해 동안 자살이 28%나 증가했고 인구 10만 명당 26명이 자살한 것으로 나타나, OECD 국가 평균의 2배를 웃도는 수치를 기록하고 있습니다. 하루 평

균 35명꼴로 자살하고 있으며, 2003년부터는 자살이 20·30대 사망 원인의 1위를 차지하고 있습니다.

세계에서 가장 아이큐가 높다고 하는 한국인이 이렇게 자살을 많이 하는 이유는 무엇일까요. 한마디로 말하면 정체성의 혼란이 그만큼 심한 까닭이라고 할 수 있습니다. 내가 누구인지에 대해 깊은 성찰이 없는 상태에서 급변하는 현실과 맞닥뜨리면 그와 같은 위기 상황에 다다를 수 있다는 것입니다.

아는 것이 힘이라고 합니다. 그리고 나를 아는 것은 더 큰 힘입니다. 그리스도인으로서의 자신의 정체성을 확인하는 일에 마음을 열고 진지하게 접근해보시기 바랍니다.

1

구원과 죄 용서의 확신

오늘의 말씀 | 그런즉 누구든지 그리스도 안에 있으면 새로운 피조물이라 이전 것은 지나갔으니 보라 새것이 되었도다(고후 5:17).

오늘의 찬송 1 | 438장 〈내 영혼이 은총 입어〉

1. '자연인으로서의 나'와 '그리스도인으로서의 나'

'자연인으로서의 나'는 본성이 죄인인 사람입니다. 하나님을 알지도 못하고 자신의 존재가 어디에서부터 시작되었는지도 모르는 영적 소경인 상태를 의미합니다. 세상의 성공과 명성, 부를 향해 전진하는 것이 중요한 삶의 이유인 사람입니다. 도덕적이고 온유하고 평화를 사랑하며 박애정신이 있다 할지라도 진정 하나님을 만나지 못했다면 **'자연인의 한 사람'**에 지나지 않는 것입니다.

반면 **그리스도인**은 하나님의 은혜로 **'다시 태어난 사람'**(거듭난 사람, born again)입니다. **'그리스도인으로서의 나'**는 이전의 나와는 다른 사람입니다.

다시 태어났다는 말은 종교적인 용어만은 아닙니다. 일상에서도 우리는 이와 같은 표현을 많이 씁니다. 중병을 앓고 거의 죽을 뻔하다가 살아났거나, 항공기 추락사고나 교통사고와 같은 치명적인 위험 속에서 무사히 살아났을 때 '다시 태어났다'라는 표현을 쓰며 그 사건 이전과 이후를 구별합니다. 또한 어떤 조직이나 개인이 심기일전하여 새로운 각오로 미래를 설계할 때에도 '거듭나겠다', '다시 태어나는 각오로' 등의 표현을 사용하며 의지를 다지기도 합니다.

■■■ 2. 다시 태어나는 비결은 무엇인가

그런데 우리 그리스도인이 쓰는 표현으로서 **'다시 태어났다'**라는 의미는 차원이 다릅니다. 육체적 건강의 회복, 위험으로부터의 무사 귀환, 새로운 각오와 의지를 다지는 차원이 아니라 아예 죽었다가 새로 태어났다는 의미가 있습니다. 옛 자아, 과거의 자연인, 본성이 죄인이었던 나는 이제 죽었고 어떤 힘에 의해서 새로운 삶이 시작되었다는 것을 뜻합니다. 양의 변화가 아닌 질의 변화이며, 물리적 변화가 아닌 화학적 변화와 유사한 영적인 변화의 결과라는 것입니다.

> 그런즉 누구든지 그리스도 안에 있으면 새로운 피조물이라 이전 것은 지나
> 갔으니 보라 **새것**이 되었도다(고후 5:17).
> * 새것: 새로운 사람

여기서 분명히 해야 할 것은 우리가 다시 태어난 것은 나의 노력의 결과가 아니라는 사실입니다. 누구나 노력만 하면 다시 태어날 수 있는 것이 아닙니다. 자연인으로서의 나는 자신을 다시 태어나게 할 수가 없습니다. 하나님께서 자연인으로서 우리가 가지고 있었던 죄의 본성과 그 죄의 열매들로 인하여 하나님의 심판을 받아 지옥에 떨어질 수밖에 없었던 우리를 그 심판으로부터 건지시기 위해 죄 없는 한 생명을 대신 죽이셨습니다. 그분이 바로 예수 그리스도이십니다. 하나님의 아들이시며 동시에 하나님과 동등하신 예수님이 그렇게 십자가에서 죽으신 결과로 **자연인이었던 나**에게 살 길이 열렸던 것입니다.

하나님께서는 우리를 사랑하셔서 하나님의 아들이시며 동시에 하나님과 동등하신 예수님을 죽이시는 결단을 하셨습니다.

하나님이 세상을 이처럼 사랑하사 독생자를 주셨으니 이는 그를 믿는 자마다 멸망하지 않고 영생을 얻게 하려 하심이라(요 3:16).

성경은 계속해서 말씀하고 있습니다.

6우리가 아직 연약할 때에 기약대로 그리스도께서 경건하지 않은 자를 위하여 죽으셨도다 7의인을 위하여 죽는 자가 쉽지 않고 선인을 위하여 용감히 죽는 자가 혹 있거니와 8우리가 아직 죄인 되었을 때에 그리스도께서 우리를 위하여 죽으심으로 하나님께서 우리에 대한 자기의 사랑을 확증하셨느니라 9그러면 이제 우리가 그의 피로 말미암아 의롭다 하심을 받았으니 더욱 그로 말미암아 진노하심에서 구원을 받을 것이니(롬 5:6~9).

예수님의 죽으심의 결과로 '**자연인로서의 나**'에서 죽음과 심판에서 해방된 '**그리스도인으로서의 나**'로 영적 신분이 변경된 것입니다. 이것을 우리는 '거듭났다'라고 고백하는데, 이는 예수님의 말씀에서 비롯된 표현이기도 합니다.

그러므로 거듭났다는 것은 **하나님의 은혜로 인하여 예수님의 죽으심의 결과로 내가 사망에서 생명으로 옮겨진 것을 믿으며 하나님의 나라(천국)를 바라보며 살게 된 것**을 의미합니다.

예수님을 **나를 죽음에서 구원해주시고 영원한 삶을 선물로 주신 구세주로 믿는 사람**을 그리스도인(Christian)이라고 합니다. 이 말의 의미는 우리가 **그리스도에게 속한 자**라는 의미입니다.

따라서 예수님을 구주로 영접한 나는 그리스도인입니다. 그리고 그리스도인인 우리의 영적인 시민권은 하나님의 나라에 있습니다.

그리고 그리스도인에게는 자연인과는 다른 영적인 흔적이 있습니다.

세상의 자연인으로서의 자아와 확연히 구별된 하늘에 속한 자들이 그리
스도인입니다. 이제 우리는 변화되었고 구별되었으며 성장하고 있습니다.

3.다음 질문에 답하면서 거듭난 그리스도인으로서의 자아를 확인 하시기 바랍니다

Q1 '자연인으로서의 나'는 과거 어떤 사람이었습니까?(삶의 목적, 방향, 가치관, 죄의 문제, 구원의 확신 등에 있어서)

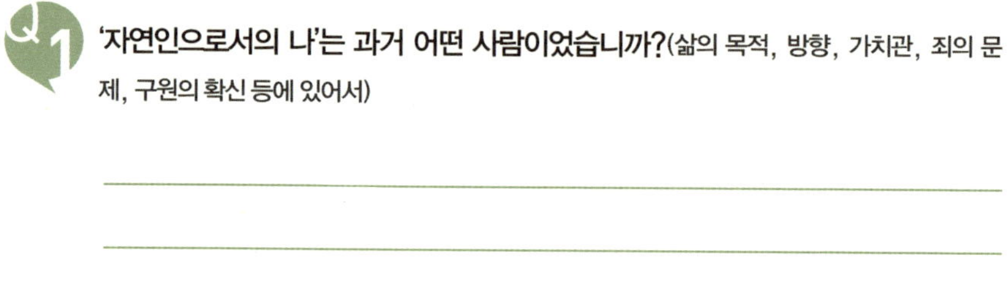

하나님의 속성은 '선(善)' 혹은 '의(義)'입니다. 그러므로 하나님은 죄인
을 용납하시지 않습니다. 출애굽기 34장 7절에는 하나님께서 "형벌받을 자
의 죄는 결단코 면죄하지 않고 아비의 악을 자손 삼사 대까지 갚으신다"고
말씀하시고 있습니다. 그러므로 **죄**의 허물을 가진 채로 하나님 앞에 서게
되면 사망이라는 **심판**을 보상으로 받게 되어 있습니다.

그리고 죄인이 아닌 사람은 한 사람도 없다고 말씀하시고 있습니다.

더 나아가 성경은 만약 우리가 죄가 없다고 말하거나 그렇게 생각한다면 그것은 우리의 양심을 속이는 것일 뿐 아니라 우리를 죄인이라고 지적하신 하나님을 거짓말하시는 분으로 왜곡하는 오류를 범하는 것이라고 지적합니다.

그러므로 모든 인간은 스스로는 해결할 수 없는 심각한 죄의 문제를 안고 있으며, 이 죄의 문제는 반드시 해결해야 할 가장 우선적인 숙제임이 명확해졌습니다.

Q2 그렇다면 나의 죄의 문제는 어떻게 해결할 수 있겠습니까?(롬 6:1~11, 10:9~10, 13; 요일 1:9)

____

____

____

Q3 나는 어떻게 해서 그리스도인이 되었습니까?(*그리스도인: 예수님을 믿음으로 구원을 받아 그리스도에게 속한 자)

____

____

____

Q4 예수님을 영접하고 거듭난 후 달라진 것(행동, 생각, 습관 등) 다섯 가지를 적고 서로 나누어봅시다.

❶ ____

❷ ____

❸ ____

❹ ____

❺ ____

Q5 레위기 20장 24~26절을 읽고 세상에서 구별된 삶을 살아야 하는 '그리스도인으로서의 나'의 모습을 비교해보십시오. 나는 세상에 속한 자연인으로서의 자아를 가진 사람들과 어떤 면에서 구별되며 또 어떤 면에서 그들과 같습니까? 그리고 각각의 모습을 놓고 바람직한 그리스도인으로서의 삶의 기준과 비교하며 스스로를 돌아보고 이를 함께 나누어보십시오. (가치관, 물질관, 진급, 진로, 자녀 교육, 결혼관, 직업관 등)

그리스도인은 세상에 살고 있지만 세상에 속한 자가 아닙니다. 우리를 창조하시고 역사를 움직이시고 지금도 세계를 경영하시는 분이 하나님이심을 믿는 사람들입니다. 인간의 이성이나 감성, 지성이 세상을 움직이는 것처럼 보이지만 우리는 영원하고 완전하신 하나님의 뜻이 세상을 움직이는 단 하나의 힘임을 믿습니다. 그러므로 하나님의 주 되심을 믿고 그 말씀에 따라 살기를 소망하는 참된 자아를 회복할 때, 보람되고 의미 있는 그리스도인의 삶을 꿈꾸게 될 것입니다.

오늘의 말씀 다시 보기 | 그런즉 누구든지 그리스도 안에 있으면 새로운 피조물이라 이전 것은 지나갔으니 보라 새것이 되었도다(고후 5:17).

오늘의 찬송 2 | 369장 〈죄 짐 맡은 우리 구주〉

2 그리스도인은 누구인가

수영선수가 수영을 잘하기 위해서는 두 가지 조건이 필요합니다. 첫째는 일단 물에 들어가는 것입니다. 그리고 둘째는 끊임없이 팔과 다리 그리고 목을 사용하여 앞으로 전진하는 것입니다.

우리가 그리스도인으로서 세상을 살아가는 것도 이와 같습니다. 일단 세상에 들어가야 합니다. 교회는 세상 속에서 그리스도인의 모임입니다. 동시에 그리스도인은 세상 나라 속에 있는 하나님 나라의 시민입니다.

하지만 세상 속에 그대로 머물러 있거나 빠져 있으면 안 됩니다. 끊임없이 하나님의 말씀을 따라 세상을 거슬러 올라가며 세상과 싸워야 합니다. 마치 수영을 하려면 물에 들어가야 하지만 물에 잠겨서는 안 되고, 앞으로 나아가기 위해서는 물과 싸우며 물을 거슬러야 하는 것과 같습니다. 그러므로 그리

스도인으로서 세상을 어떻게 보고, 어떤 정체성으로 세상에 맞서야 하는지
를 아는 것은 매우 중요합니다.

2

그리스도인은 누구인가

오늘의 말씀 | 내가 그리스도와 함께 십자가에 못 박혔나니 그런즉 이제는 내가 사는 것이 아니요 오직 내 안에 그리스도께서 사시는 것이라 이제 내가 육체 가운데 사는 것은 나를 사랑하사 나를 위하여 자기 자신을 버리신 하나님의 아들을 믿는 믿음 안에서 사는 것이라(갈 2:20).

오늘의 찬송 1 | 289장 〈주 예수 내 맘에 들어와〉

1. 새로운 안경, 새로운 옷

앞서 우리는 다시 태어난 그리스도인으로서의 자아 정체성을 확인하였습니다. 우리는 예수님으로 인해 거듭난 사람이 되었습니다. 완전히 새로운 사람이 되었습니다. 마치 1초 전까지만 해도 임신부였던 사람이 출산 후에는 산모가 되는 것이나 역시 1초 전까지만 해도 태아였던 생명체가 세상에 나온 후 신생아가 되는 것과 같습니다.

성경은 이렇게 말씀하고 있습니다.

> 그런즉 누구든지 그리스도 안에 있으면 새로운 피조물이라 이전 것은 지나
> 갔으니 보라 **새것**이 되었도다(고후 5:17).

'과거의 나'는 예수님이 십자가에 매달려 돌아가셨을 때 이미 죽은 것입
니다. 그러므로 예수님을 믿은 후 나는 하나님의 자녀가 되었습니다.

> 우리가 알거니와 우리의 옛 사람이 예수와 함께 십자가에 못 박힌 것은 죄
> 의 몸이 죽어 다시는 우리가 죄에게 종노릇하지 아니하려 함이니(롬 6:6).

> 영접하는 자 곧 그 이름을 믿는 자들에게는 하나님의 자녀가 되는 권세를
> 주셨으니(요 1:12).

또한 더 나아가 적극적으로 구별된 삶을 살면서 과거 죄인의 모습을 자꾸
떨쳐버림으로써, 이전의 자신과도 구별되고 지금의 세상과도 구별되는 삶
의 모습을 추구할 것을 강조하고 있습니다.

> 너희는 유혹의 욕심을 따라 썩어져가는 구습을 따르는 옛 사람을 벗어버리
> 고(엡 4:22).

> 그리스도 예수의 사람들은 육체와 함께 그 정욕과 탐심을 십자가에 못 박았
> 느니라(갈 5:24).

거듭난 그리스도인은 삶의 목적과 방향이 완전히 변화된 사람입니다. 예

수님 때문에 세상을 달리 보게 된 사람입니다. 마치 새로운 색의 안경을 낀 사람처럼 모든 것이 다르게 보이는 사람입니다. 이제 우리가 입은 옷도 바뀌었습니다. 과거의 죄인의 옷이 아니라 그리스도인이라는 구별된 옷을 입은 것입니다. 다음의 성경 말씀은 우리의 거듭남과 그 이후 우리의 신분이 어떻게 바뀌었는지를 잘 설명해주고 있습니다.

> 내가 그리스도와 함께 십자가에 못 박혔나니 그런즉 이제는 내가 사는 것이 아니요 오직 내 안에 그리스도께서 사시는 것이라 이제 내가 육체 가운데 사는 것은 나를 사랑하사 나를 위하여 자기 자신을 버리신 하나님의 아들을 믿는 믿음 안에서 사는 것이라(갈 2:20).

따라서 그리스도인은 적어도 다음 세 가지 면에서 확실히 구별된 안경을 착용하게 되었습니다.

1) 세계관

세계관은 **한 사람이 세상을 보는 인식 혹은 판단의 기본이 되는 틀**입니다. 따라서 세계관은 통일된 삶을 살게 하며, 생각과 행동의 방향을 일정하게 유지하도록 영향을 주고 생동감 있는 삶을 살게 하는 역할을 합니다.

세계관을 달리 말하면 포괄적인 인식 구조 혹은 신념의 체계라고도 하는데 흔히 서로 생각이 다르거나 삶의 모습이 다를 때에 그것을 세계관의 차이로 보기도 합니다.

세상에는 수많은 세계관이 존재하고 있습니다. 크게 두 부류로 나눈다면 하나는 **인간 중심의 세계관**이고 다른 하나는 **하나님 중심의 세계관**입니다. 공산주의자와 자본주의자, 진화론자와 창조론자의 차이도 결국 세계관의 차이 때문이고 이 차이에 따라 서로 다른 길을 걷게 됩니다.

그런데 우리 그리스도인은 거듭난 사람들이기 때문에 세계관도 달라야 합니다. 왜냐하면 새것, 즉 새사람이 되었기 때문입니다. 그렇다면 기독교 세계관이란 무엇일까요?

기독교 세계관이란 **"창조주 하나님의 말씀을 심사숙고하여 얻은 깊은 진리들을 체계화함으로써 형성된 생각의 틀"**이라고 말할 수 있습니다. 하나님께서는 이 세상을 **창조**하셨지만 인간은 **타락**하여 하나님의 품을 떠나려 했고, 예수님의 십자가 희생의 결과로 우리가 **구원**에 이르게 되었다는 것이 성경의 기본 진리입니다.

이 진리를 기본 틀로 하여 형성된 관점을 기독교 세계관이라고 합니다. 기독교 세계관을 가진 자들에게 있어서 이 세상은 하나님의 피조 세계이며, 인간과 동물, 자연 만물은 하나님의 피조물입니다. 그러므로 기독교 세계관에 의하면 세상은 하나님의 통치하에 있어야 하며 우리 인간 각자는 우리를 만드신 하나님의 뜻에 맞게 살아야 합니다.

> 태초에 하나님이 천지를 창조하시니라(창 1:1).

> 만물이 그로 말미암아 지은 바 되었으니 지은 것이 하나도 그가 없이는 된 것이 없느니라(요 1:3).

세상을 창조하신 하나님은 지금도 세상을 통치하고 계십니다.

이스라엘을 지키시는 이는 졸지도 아니하시고 주무시지도 아니하시리로다
(시 121:4).

예수께서 그들에게 이르시되 내 아버지께서 이제까지 일하시니 나도 일한
다 하시매(요 5:17).

인간의 저항과 불신에도 불구하고 영원하신 하나님의 뜻이 결국에는 서
게 될 것입니다.

[24]그러므로 모든 육체는 풀과 같고 그 모든 영광은 풀의 꽃과 같으니 풀은
마르고 꽃은 떨어지되 [25]오직 주의 말씀은 세세토록 있도다 하였으니 너희
에게 전한 복음이 곧 이 말씀이니라(벧전 1:24~25).

인간의 모든 생각과 그 흔적들은 사라지게 되어 있지만 하나님의 말씀,
하나님의 뜻은 영원히 있을 것입니다.

창조주이신 하나님과 구세주이신 예수님, 그리고 지금도 우리 가운데서
일하시는 성령님의 존재를 믿고 하나님의 피조물로서 그 뜻에 합당하게 살
기를 소망하는 마음이 그리스도인의 마음입니다. 곧 기독교 세계관이라는
새 안경을 쓴 사람의 마음인 것입니다.

2) 역사관

'역사를 어떤 관점으로 보는가' 하는 것을 역사관이라고 합니다. 역사관은 과거의 역사에 대한 이해를 바탕으로 미래의 삶의 방향을 설정하도록 영향을 미치게 됩니다. 그리고 세계관과 함께 인간의 사상과 삶에 지대한 역할을 하게 됩니다.

역사관을 역사 인식 혹은 역사철학이라고도 하는데, 이 역시 한 가지만 있는 것은 아닙니다. 역사는 반복된다고 믿는 순환사관(循環史觀), 인간 개인의 삶은 미물로부터 인간으로 끊임없이 돌고 돈다는 윤회사관(輪廻史觀), 인간은 물질로 구성되어 있으며 역사는 인간의 끊임없는 대립과 투쟁의 과정이라고 주장하는 유물변증사관(唯物辨證史觀) 등이 있습니다.

기독교 역사관은 이들과 몇 가지 다른 점이 있습니다. 먼저 '시작'이 있습니다. 인류의 시작은 역사의 시작을 의미합니다. 성경은 역사의 시작을 분명히 규정하고 있습니다.

태초에 하나님이 천지를 창조하시니라(창 1:1).

여기서 '태초에'란 '가장 처음에'라는 의미입니다. 즉 역사의 시작을 뜻합니다.

또한 기독교 역사관에는 '끝'이 있습니다. 역사가 종결되고 모든 것을 심판하실 그날이 올 것임을 여러 곳에서 분명히 말씀하고 있습니다.

한번 죽는 것은 사람에게 정해진 것이요 그 후에는 심판이 있으리니(히 9:27).

그러므로 기독교 역사관의 특징 중 하나는 **시작과 끝이 있다**는 것입니다. 그리고 기독교 역사관의 또 하나의 특징은 **목적이 있다**는 것입니다. 역사는 인간의 주장과 결정대로 흘러가는 것(인본주의 역사관)이 아닙니다. 그렇다고 역사 자체에 그럴 만한 힘이나 원리가 있어서 그것에 의해 자동으로 역사가 진행되는 것(역사주의 역사관)도 아닙니다. 역사를 설계하시고 시작하신 하나님은 목적을 가지고 계시며, 역사는 하나님의 목적대로 흘러가게 되어 있습니다. 우리는 지금 그 특정한 시점에 놓여 있는 것입니다.

그래서 기독교 역사관을 직선사관(直線史觀), 혹은 목적사관(目的史觀)이라고도 합니다.

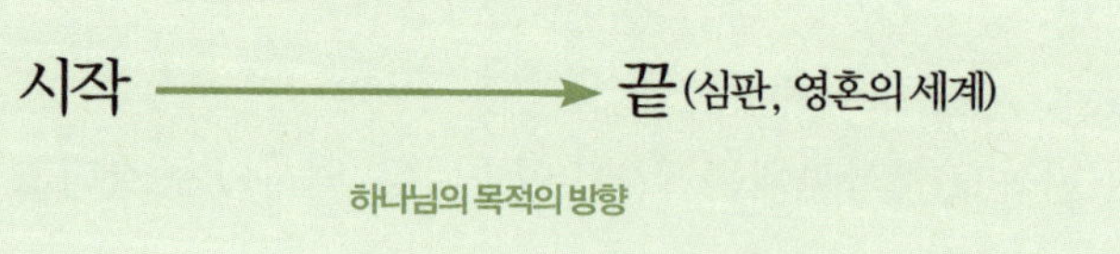

역사의 주관자는 하나님이시며 역사가 종결될 때까지 하나님은 그분의 목적대로 완전한 뜻을 이루시기 위해 역사를 이끌어가실 것입니다. 그리스도인은 이와 같은 **기독교 역사관**을 가져야 합니다. 그리스도인이라고 하면서도 제대로 된 역사관을 가지지 못하여 미래를 지나치게 낙관하거나 혹은 비관하는 경우가 있으며, 역사 자체에 대하여 무지한 안타까운 사람도 있습니다.

성경은 그 자체가 인간에 대한 하나님의 사랑과 경영의 기록입니다. 그러므로 성경은 역사(History), 즉 그분의 이야기(His Story)인 것입니다. 역사에 대한 바른 관점의 회복은 그리스도인의 정체성을 확립하는 데 중요한 요소입니다.

3) 인생관

그렇다면 인생관이란 무엇일까요. 세계관과 역사관이 씨줄과 날줄처럼 한 사람의 인생에 영향을 주어서 형성된, 한 개인의 인생에 대한 주관적인 관점을 인생관이라고 합니다. 개인의 지식과 경험, 학습, 문화, 성장 배경 등이 합해져서 한 사람의 인생관을 형성한다고 볼 수 있습니다. 그래서 한 사람이 어떤 가치관, 어떤 목표를 가지고 사는가를 보면 그 사람의 인생관이 어떠한지를 알게 되는 것입니다.

그리스도인은 어떤 인생관을 가져야 할까요? 인생관 형성에서 가장 크게 작용하는 것이 세계관과 역사관입니다. 마르크스주의자는 유물론적으로 역사를 해석하고 세계 공산화를 꿈꾸는 가운데 그들의 인생관을 형성하게 됩니다. 과거 구소련의 공산당 고위 간부를 지냈던 야나예프라는 사람은 "나는 영혼까지도 공산주의자이다"라고 말했습니다. 그는 유물론에 근거하여 역사와 세계를 이해했던 사람이었습니다. 우리와는 다른 사람입니다. 가치관과 삶의 목표 또한 다릅니다.

그리스도인은 역사를 보는 관점이 새로워진 사람이고 세계를 보는 관점이 바뀐 사람입니다. 새 옷과 새 안경을 착용한 사람입니다. 다시 말해 가치관과 삶의 목표 등이 달라졌다는 뜻입니다.

그러므로 그리스도인다운 새로운 인생관을 가지고 있어야 합니다. '나는 왜 이 땅에 존재하는가? 내 삶의 목적은 무엇인가? 내 삶의 최고의 가치는 이제 무엇이 되어야 하는가? 내 삶의 주인은 누구인가?' 등의 질문에 대해 **성경적인 답을 가지고 그대로 살려고 부단히 노력하는 사람이어야 한다**는 것입니다. 그래야 '오늘은 이 사람, 내일은 저 사람, 언제나 나는 내가 아닌 사람'으로 살지 않게 되는 것입니다.

그리스도인의 인생관의 핵심은 **이제 나는 예수님을 믿음으로 하나님의 자녀가 되었고 내 삶의 주인은 더 이상 나 자신이 아니라는 것을 고백하는 것입니다.**
성경의 가르침은 이렇습니다.

> ⁷우리 중에 누구든지 자기를 위하여 사는 자가 없고 자기를 위하여 죽는 자도 없도다 ⁸우리가 살아도 주를 위하여 살고 죽어도 주를 위하여 죽나니 그러므로 사나 죽으나 우리가 주의 것이로다(롬 14:7~8).

초대교회 신앙의 선배들도 이와 같이 고백했음을 성경을 통해 알 수 있습니다.

> 그런즉 이스라엘 온 집은 확실히 알지니 너희가 십자가에 못 박은 이 예수를 하나님이 주와 그리스도가 되게 하셨느니라 하니라(행 2:36).

예수님이 우리의 주(主, Lord)요 그리스도가 되셨다는 것입니다. 내 인생의 주인은 내가 아닙니다. 예수님이 내 삶의 주인이시며, 성경 말씀이 최고의 가치이고, 하나님의 뜻이 내가 따라야 할 유일한 방향입니다. 이 사실을 받아들인 삶이 온전한 그리스도인으로서의 삶인 것입니다.

■ 2. 다음의 질문에 답하고 서로 나누어보십시오

Q1 그리스도인으로서의 정체성을 확립하기 위해 가져야 할 최소한의 관점 세 가지를 열거해보십시오.

❶ ____

❷ ____

❸ ____

Q2 인본주의적인 세계관과 기독교 세계관의 공통점과 차이점은 무엇입니까?

____

____

____

____

Q3 예전의 나의 세계관은 어떠했고, 기독교 세계관을 이해한 지금의 세계관과는 어떤 차이가 있습니까?

____

____

Q4 일반적인 역사관과 기독교 역사관의 공통점과 차이점에 대하여 나누어보십시오.

Q5 기독교 역사관의 핵심 두 가지는 무엇이며, 이로 인해 나의 역사 이해에는 어떤 변화가 있었습니까?

Q6 로마서 14장 7절~8절과 갈라디아서 2장 20절을 다시 읽은 후 그리스도인으로서의 바람직한 인생관은 무엇인지 함께 나누어보십시오.

　　그리스도인은 거듭난 자들이며 세계를 보는 관점과 역사를 이해하는 관점이 바뀐 자들입니다. 그리고 이에 근거해서 인생관에도 분명한 변화를 경험한 자들입니다. 우리는 이제 새 안경과 새 옷을 착용했습니다. 세상에 살고 있지만 세상과 구별되는 하늘의 시민으로 살게 되었습니다.

3 내 삶의 목적은 무엇인가

차범근 감독은 선수 시절, 부상으로 더 이상 뛰기 어려울 정도의 위기에 처했던 때가 있었습니다. 국가대표팀의 후배였던 이영무 선수의 권고로 기도원을 다니게 되었고 기도로 무릎이 회복되는 체험을 하게 되었습니다. 이후 그의 삶은 변했고 그가 가장 가까이 하는 책은 성경책이 되었습니다. 그는 축구를 통해 하나님을 전하는 선교사가 되기를 원했습니다.

차 감독은 "내 인생은 내 것이 아니구나, 앞으로 하나님의 축구를 해야겠구나" 하고 깨달았습니다. 그 후 그의 축구 인생에 큰 변화가 왔습니다. 1970년대 당시 세계 최고의 리그였던 독일 분데스리가에 진출하게 된 것입니다. 그의 아내에 의하면 경기가 있는 날 밤에도 철야기도회에 꼭 참석할 정도로 신앙생활에 열심이었습니다.

그는 10년간 분데스리가에서 뛰면서 리그에서만 308경기 98골을 기록했을 뿐 아니라 팀을 유럽 챔피언스 리그 2회 우승, 독일 FA컵 우승 등으로 이끌어 당시 독일에서 뛰고 있던 외국인 선수 중 가장 탁월한 선수가 되었습니다. 1980년에는 '독일에서 가장 위대한 선수'와 'FIFA 선정 세계 베스트 11'로 선발되었고 독일 내에서 연봉을 가장 많이 받는 선수 3위에 오르기도 했습니다. 독일 정부는 그에게 독일로의 귀화를 제안했고 발락, 오언, 칸 등 현재 독일의 유명한 선수들은 그를 마음의 영웅으로 간직하고 자랐습니다.

차 감독이 크게 깨달은 것이 무엇이었습니까? 바로 인생의 목적이었습니다. 예수님을 믿고 거듭나 그리스도인이 된 후 세계관, 역사관, 인생관이 바뀐 동시에 삶의 목적에 대한 분명하고도 새로운 인식이 그의 삶의 원동력이 되었던 것입니다. 지금 내 삶의 목적은 무엇입니까?

3

내 삶의 목적은 무엇인가

오늘의 말씀 | 너의 하나님 여호와가 너의 가운데에 계시니 그는 구원을 베푸실 전능자이시라 그가 너로 말미암아 기쁨을 이기지 못하시며 너를 잠잠히 사랑하시며 너로 말미암아 즐거이 부르며 기뻐하시리라 하리라(습 3:17).

오늘의 찬송 1 | 621장 〈찬양하라 내 영혼아〉

1. 인생의 목적을 아는 것의 중요성

어느 노 철학자의 이야기입니다. 그가 대학에서 철학 교수로 봉직할 때였습니다. 마침 개강일이었는데 지각을 하게 되었습니다. 캠퍼스 인도를 따라 강의실을 향해 부지런히 걷는데 한 학생이 땀을 삘삘 흘리면서 뛰어가고 있었습니다. 이 교수님이 학생을 향해 물었습니다.

"자네 지금 무슨 시간인데 그렇게 뛰는가?"

"철학개론입니다. 오늘이 개강일이라서……."

철학개론은 그 교수님의 과목이었습니다. 고생스럽게 뛰어가 보았자 정작 교수인 자신이 지각한 마당에 헛수고할 것이 분명했습니다. 그래서 대화를 나누며 걷기를 청하고는 이렇게 물었습니다.

"자네 왜 그렇게 서둘렀나?"

"지각하면 안 되니까요."

"지각을 하면 왜 안 되지?"

"좋은 성적을 받을 수 없습니다."

"좋은 성적을 받으면 뭐하게."

"졸업 후 좋은 직장에 취직하는 데 도움이 됩니다."

"좋은 직장에 취직해서 그다음은?"

"제가 사랑하는 사람이랑 결혼해서 가정을 이룰 겁니다."

"행복한 가정을 이룬 다음엔?"

"집도 마련하고 아이들 교육도 잘 시킬 겁니다."

"그럼 그 후에는?"

"은퇴하고 늙으면 손자들 보며 인생을 정리해야 할 겁니다."

"그리고 그다음에는?"

"죽습니다."

"아니, 그럼 결국 지금 자네는 죽으려고 이렇게 뛰어가는 것이란 말인가? 이보게나, 좀 더 궁극적인 삶의 목적을 찾아보게. 이렇게 뛰지 않으면 안 될 궁극적인 목적을 말이야!"

삶의 목적을 모르고 살다 보면, 어느 날 당혹감에 직면하게 될 것입니다. 보통 중년에 접어들면 이런 위기를 한 번은 맞이한다고 합니다. 그것은 오히려 큰 성공을 거둔 후에 밀물처럼 몰려오기도 합니다. 전교 1등을 한 다음 날 자살한 여고생, 자살을 택한 여러 명의 스타들, 죽음 직전 자신의 인생을 '철 지난 바닷가'로 묘사하며 그 허무함을 호소했던 엘비스 프레슬리 (1960~70년대를 풍미했던 미국의 대중 가수), 전 세계 남성들의 마음을 사로 잡았던 영화배우 마릴린 먼로 등도 결국 비극적인 최후를 맞이하고 말았습니다.

성취와 성공이 우리의 인생을 값지게 하는 것만은 아닌 것입니다. 하루를 살더라도 인생의 목적을 잘 알고 사는 것은 매우 중요합니다.

■■■ 2. 인생의 목적에 대한 주장

인생의 목적이 무엇인가에 대한 정의는 역사상 매우 많았을 것입니다. 삶은 무엇인가에 대해 깊이 고뇌하던 한 청년이 거리를 헤매다 구멍가게 앞 유리 창에 쓰인 글을 보고서야 그 답을 찾았다고 하는 우스운 이야기도 있습니다. 그곳에는 '삶은 계란'이라고 쓰여 있었다고 합니다. 삶의 목적에 관한 질문은 그렇게 쉽게 답을 찾을 수 있는 논제가 아닙니다.

삶의 목적을 제시한 세계사적 사상을 계몽주의라고 합니다. 계몽주의(啓蒙主義, Enlightenment)란 17~18세기에 프랑스를 중심으로 일어났던 사상운동으로서 종교적 광신주의를 비판하고 세속화와 탈기독교화를 표방한 이성 운동이었습니다. 볼테르, 몽테스키외, 루소 등이 그 중심에 있었던 이 운동은 낭만주의를 거치면서 현대 세속화를 이끌었습니다. 계몽주의는 하나님에 의해 가려졌던 눈을 뜨자는 운동이라고도 볼 수 있는데, 표면적으로는 교황의 절대적인 영향력으로부터 자유롭고 싶었던 당대 지성인들의 자각 운동이었다고도 할 수 있습니다.

이 운동의 위험성은 하나님을 주변으로 몰아내고 인간이 역사의 주인이고자 했다는 데 있었습니다. 이 운동에서 찾아낸 인간의 삶의 목적은 '행복'이었습니다. '최대 다수의 최대 행복(the greatest happiness of the greatest number)'이라는 말도 이때 생겨나서 후에 영국에서 벤담이라는 학자에 의해 더 발전되게 됩니다. 개인뿐 아니라 온 사회 구성원으로 행복을 확대하는 것이 인생의 존재 목적이라는 주장은 지금도 가장 보편적으로 받아들여지고 있습니다.

그러나 계몽주의와는 반대로 청교도는 하나님의 창조 목적을 인간의 모든 영역에서 실현하기 위해 노동을 중시하고 청렴한 삶을 살기를 원했으며 후손들의 교육에 힘썼습니다. 미국으로 이주한 청교도가 이렇듯 창조 목적에 맞는 자녀 교육을 위해 세운 대학이 미국 최초의 대학이며 세계 최고의 대학 중의 하나인 하버드 대학입니다. 이 대학의 교훈이 '베리타스(Veritas)', 즉 '진리'임은 시사하는 바가 큽니다. 진리의 근원이신 예수 그리스도에 대한 믿음과 사랑으로, 모든 학문과 삶의 분야에서 하나님을 기쁘시게 하고자 하는 설계로 세워졌음을 알 수 있습니다.

▬▬▬ 3. 인생에 대한 성경의 가르침

계몽주의에서 비롯된 '인간의 존재 목적은 행복'이라는 주장이 많은 이들에게 받아들여지고 있는 것처럼 보이는 것은 사실입니다.

그러나 인생의 목적이 무엇인가 하는 것은 인간 스스로 정의내릴 수 있는 부분이 아님을 우리는 알아야 합니다. 어떤 사물의 목적은 그 사물 스스로가 결정하는 것이 아니고 그 사물을 만든 이가 결정하는 것입니다. 제작자는 먼저 목적을 정하고, 그 목적을 성취할 수 있는 기능을 부여하여 설계합니다.

인간이 도구를 만들 때도 마찬가지입니다. 예컨대 '하늘을 빨리 날아서 원하는 곳에 도달하고자 하는 목적'에 의해 비행기는 더 빨리, 그리고 안전하게 날 수 있는 기능으로 만들어졌습니다. 비행기 스스로 그 목적을 정한 것이 아닙니다. 이처럼 인간 스스로 인생의 목적을 정한다는 것은 있을 수도 없거니와 부적절하고 불안한 시도가 아닐 수 없습니다.

인생의 존재 목적은 하나님만이 정하실 수 있습니다. 왜냐하면 하나님께서 인간을 창조하셨기 때문입니다.

다음의 성경말씀을 살펴봅시다.

> 이 사람아 네가 누구이기에 감히 하나님께 반문하느냐 지음을 받은 물건이 지은 자에게 어찌 나를 이같이 만들었느냐 말하겠느냐 **토기장이**가 진흙 한 덩이로 하나는 귀히 쓸 그릇을, 하나는 천히 쓸 그릇을 만들 권한이 없느냐 (롬 9:20~21).
>
> *토기장이: 창조주 하나님에 대한 은유

인간의 존재 목적은 우리를 지으신 하나님께로부터 찾아야 하며, 성경은 그 목적에 대해 자세히 언급하고 있습니다.

1) 목적을 상실한 인생에 대한 성경의 가르침

[1]다윗의 아들 예루살렘 왕 전도자의 말씀이라 [2]전도자가 이르되 헛되고 헛
되며 헛되고 헛되니 모든 것이 헛되도다 [3]해 아래에서 수고하는 모든 수고
가 사람에게 무엇이 유익한가(전 1:1~3).

우리가 이 땅에서 힘껏 노력하여 무엇인가를 이루었다 할지라도 그 마지
막에는 이와 같이 '무익하고 헛되다'는 탄식이 나올 수밖에 없음을 분명히
말씀하고 있습니다.

성경은 계속해서 말씀합니다.

[3]내가 내 마음으로 깊이 생각하기를 내가 어떻게 하여야 내 마음을 지혜로
다스리면서 술로 내 육신을 즐겁게 할까 또 내가 어떻게 하여야 천하의 인
생들이 그들의 인생을 살아가는 동안 어떤 것이 선한 일인지를 알아볼 때까
지 내 어리석음을 꼭 붙잡아 둘까 하여 [4]나의 사업을 크게 하였노라 내가 나
를 위하여 집들을 짓고 포도원을 일구며 [5]여러 동산과 과원을 만들고 그 가
운데에 각종 과목을 심었으며 [6]나를 위하여 수목을 기르는 삼림에 물을 주
기 위하여 못들을 팠으며 [7]남녀 노비들을 사기도 하였고 나를 위하여 집에
서 종들을 낳기도 하였으며 나보다 먼저 예루살렘에 있던 모든 자들보다도
내가 소와 양 떼의 소유를 더 많이 가졌으며 [8]은금과 왕들이 소유한 보배와
여러 지방의 보배를 나를 위하여 쌓고 또 노래하는 남녀들과 인생들이 기뻐
하는 처첩들을 많이 두었노라 [9]내가 이같이 창성하여 나보다 먼저 예루살렘
에 있던 모든 자들보다 더 창성하니 내 지혜도 내게 여전하도다(전 2:3~9).

¹⁵내가 내 마음속으로 이르기를 우매자가 당한 것을 나도 당하리니 내게 지혜가 있었다 한들 내게 무슨 유익이 있으리요 하였도다 이에 내가 내 마음속으로 이르기를 이것도 헛되도다 하였도다 ¹⁶지혜자도 우매자와 함께 영원하도록 기억함을 얻지 못하나니 후일에는 모두 다 잊어버린 지 오랠 것임이라 오호라 지혜자의 죽음이 우매자의 죽음과 일반이로다 ¹⁷이러므로 내가 사는 것을 미워하였노니 이는 해 아래에서 하는 일이 내게 괴로움이요 모두 다 헛되어 바람을 잡으려는 것이기 때문이로다(전 2:15~17).

하나님께서 〈전도서〉를 기록하도록 하신 이는 다름 아닌 솔로몬 왕이었습니다. 부왕(父王) 다윗의 권세와 영화를 그대로 물려받아 부귀와 번영의 상징으로 대표되는 왕이었습니다. 우리는 그런 그의 인생에 대한 처절한 회고를 보고 있는 것입니다.

2) 인생 자체의 무상함에 대한 성경의 가르침

우리가 어떤 업적을 이루었든지 인생은 80세를 전후로 거의 소멸되는 촛불과 같습니다.

우리의 연수가 칠십이요 강건하면 팔십이라도 그 연수의 자랑은 수고와 슬픔뿐이요 신속히 가니 우리가 날아가나이다(시 90:10).

내 날이 연기같이 소멸하며 내 뼈가 숯같이 탔음이니이다(시 102:3).

내일 일을 너희가 알지 못하는도다 너희 생명이 무엇이냐 너희는 잠깐 보이다가 없어지는 안개니라(약 4:14).

그가 누구이든지, 어떤 직위에 있든지 세월과 인생의 무상함 앞에서 자유로울 수는 없습니다.

3) 그리스도인의 인생의 목적

그렇다면 성경에서 말씀하신 나의 존재 목적은 무엇일까요? 그리스도인의 인생이란 잠깐 있다 없어지는 안개와 같이 소멸되는 것이 아니고 영원토록 이어질 영생입니다. 그러므로 그리스도인에게 있어서 삶의 목적이란 현재에서나 천국에서 영원히 이어질 삶에서나 동일합니다.

그리스도인에게 있어서 **인생의 목적은 하나님을 영원토록 기쁘시게 하는 것**입니다. 이는 우리를 지으신 하나님의 설계였으며 창조 목적이었습니다.

하나님은 인간을 지으실 때 다른 피조물과는 구별되게 지으셨습니다. 우선 하나님의 형상대로 지으셨습니다(창 1:26). 이는 '하나님의 이미지로 지으셨다'는 것을 의미합니다. 따라서 우리가 이 땅에서의 삶을 마감한 후에는 바로 그 하나님의 이미지를 갖고 살게 될 것입니다. 성경은 우리가 하나님의 신적 성품에 참여하게 될 것이라고 말씀합니다.

> 이로써 그 보배롭고 지극히 큰 약속을 우리에게 주사 이 약속으로 말미암아
> 너희가 정욕 때문에 세상에서 썩어질 것을 피하여 신성한 성품에 참여하는
> 자가 되게 하려 하셨느니라(벧후 1:4).

그리고 하나님께서는 세상의 모든 만물을 하나님을 대리해서 통치하고 관리하고 번성케 하라고 명령하셨습니다(창 1:28). 모든 창조의 과정을 다

마치시고 인간에게 해야 할 일을 맡기신 후 하나님께서는 **"심히 좋았다"**고 하셨습니다(창 1:31).

인간을 포함한 모든 피조물의 창조 목적은 하나님의 기쁨입니다. 하나님께서는 우리와 교제하며 기뻐하기를 원하셨습니다. 우리를 보시고 기뻐하기를 원하시는 하나님의 마음을 〈스바냐서〉에는 다음과 같이 표현했습니다.

> 너의 하나님 여호와가 너의 가운데에 계시니 그는 구원을 베푸실 전능자이시라 그가 너로 말미암아 기쁨을 이기지 못하시며 너를 잠잠히 사랑하시며 너로 말미암아 즐거이 부르며 기뻐하시리라 하리라(습 3:17).

그런데 인간은 범죄함으로 하나님을 떠나 죄 가운데 머물렀고 인간 스스로 자기 만족, 즉 행복을 최고의 삶의 목적으로 설정하며 하나님을 외면했습니다. 오늘날 인간 사회의 모든 불행은 이 목적을 외면하고 불완전하고 잘못된 방향의 삶을 참 목적인 양 따른 결과인 것입니다.

노벨상 수상자인 구 소련의 작가 솔제니친은 그의 어린 시절을 회상하며 무신론의 공산주의가 러시아 혁명을 일으켰을 때 동네 어른들이 이런 말을 했다고 합니다.

"사람들이 하나님을 잊어버렸어."

솔제니친은 미국으로 망명하여 여러 대학을 다니면서 구 소련의 억압과 인권유린을 고발하였습니다. 그의 강연의 핵심은 자신이 어렸을 때 동네 어른들이 했던 말처럼, 오늘날 세계 문제의 원인은 사람들이 하나님을 잊어버렸기 때문이라는 것이었습니다. 그러므로 현대 세계의 모든 문제는 사람들이 하나님을 다시 찾는 것으로부터 해결될 수 있다고 주장했습니다. 창조주이시며 역사의 주관자이신 하나님을 외면하고 스스로가 설정한 불완전한 목적을 향해 가고 있는 인류가 시급히 되찾아야 할 길은 하나님의 길, 진리의 길인 것입니다.

■ 4. 다음의 질문에 답하면서 인생의 참 목적에 대해 생각해봅시다

Q1 인간 스스로가 인생의 목적을 설정한다면 결과적으로 어떤 오류를 범하게 됩니까?

____

____

____

____

Q2 인생의 목적을 바로 아는 사람은 인생이 허무하지 않으며 사는 동안 시간과 에너지를 낭비하지 않을 수 있습니다. 뿐만 아니라 현재의 삶이 영원한 천국에서의 삶과 연결되는 유익이 있습니다. 우리가 인생의 참된 목적을 창조주 하나님으로부터 찾아야 하는 이유를 설명해보십시오. (롬 9:20~21 ; 습 3:17)

____

____

____

____

Q3 창세기 1장 26, 28, 31절과 스바냐 3장 17절을 읽고 하나님께서 우리를 지으신 목적을 함께 나누어보십시오.

____

____

____

____

Q4 골로새서 1장 16절은 "만물이 다 그로 말미암고 그를 위하여 창조되었다"고 말씀하고 있습니다. 이 말씀이 우리의 창조 목적을 하나님으로부터 찾아야 한다는 주장을 어떻게 뒷받침하고 있다고 보십니까?

____

____

____

____

Q5 지금까지 나의 가장 주된 관심사, 나의 인생의 목적은 무엇이었다고 생각하십니까?

____

____

____

____

　인생의 참 목적을 알고 나면 삶이 역동적으로 변하고 에너지를 낭비하지 않게 됩니다. 당당하고 소신 있게 살 수 있습니다. 무엇보다 늘 하나님과 교제하며 나를 지으신 하나님을 기쁘시게 하는 영원히 소멸되지 않는 열매를 맺게 됩니다. 더 자세하고 구체적인 논의는 다음 과에서 진행하겠습니다.

오늘의 말씀 다시 보기 | 너의 하나님 여호와가 너의 가운데에 계시니 그는 구원을 베푸실 전능자이시라 그가 너로 말미암아 기쁨을 이기지 못하시며 너를 잠잠히 사랑하시며 너로 말미암아 즐거이 부르며 기뻐하시리라 하리라(습 3:17).

오늘의 찬송 2 | 204장 〈주의 말씀 듣고서〉

4 하나님께 영광 돌리는 삶

'가시나무새'를 아십니까? 호주의 여류작가인 콜린 맥컬로우의 소설《가시나무새》를 통해 잘 알려진 전설의 새입니다. 이 새는 세상에서 가장 아름다운 울음소리를 내는 것으로 유명합니다.

가시나무새는 평생 울지 않으며, 자기 가슴을 찌를 정도의 적절한 가시를 찾아다닙니다. 그러다가 그러한 가시를 발견하면 가시를 향해 몸을 날립니다. 그리고 피를 흘리며 고통스러운 신음 소리를 내는데 이 소리가 바로 세상의 그 어떤 새도 흉내 낼 수 없는 아름답고도 슬픈 울음소리라는 것입니다. 이 새의 가장 위대한 점은 울음소리입니다. 일생에 단 한 번 우는 것이지만 이 울음소리가 없었다면, 가시나무새에 대한 우리의 느낌도, 맥컬로우의 소설도 그다지 인상적이지 않았을 것입니다.

그리스도인은 어떤 면에서 가시나무새와 같은 소명을 가진 자들입니다. 각자가 하나님 앞에서 세상의 누구도 흉내 낼 수 없는 가장 아름다운 울음소리를 가지고 태어났습니다. 우리는 우연 또는 실수로 태어난 자들이 아니라 하나님 앞에서 드려야 할 그 무엇인가를 가지고 태어난 존재입니다.

가시를 찾기 위해 필사적으로 노력하다가 찾은 다음에는 가시에 가슴을 박고 우는 것으로 자신의 존재의 목적을 이루는 가시나무새처럼, 우리 그리스도인도 하나님 앞에서 각자 존재의 목적에 맞는 울음으로 하나님께서 우리를 이 땅에 존재하게 하신 뜻을 이루어야 할 것입니다.

하나님께
영광 돌리는 삶

오늘의 말씀 | 너는 마음을 다하고 뜻을 다하고 힘을 다하여 네 하나님 여호와를 사랑하라(신 6:5).

오늘의 찬송 1 | 563장 〈예수 사랑하심을〉

1. 하나님을 기쁘시게 함에 대하여

1) 성경적인 이유와 근거

전 과에서 살폈던 말씀들을 근거로 왜 우리가 하나님의 기쁨을 위해 살아야 하는지에 대하여 다시 한 번 정리해보겠습니다. 그것은 하나님께서 우리를 만드신 목적 때문입니다. 무엇보다 하나님은 보시기에 심히 좋으셨던 그분의 자녀들을 통하여 기뻐하시고 함께 교제하기를 원하셨습니다.

너의 하나님 여호와가 너의 가운데에 계시니 그는 구원을 베푸실 전능자이시라 그가 너로 말미암아 기쁨을 이기지 못하시며 너를 잠잠히 사랑하시며 **너로 말미암아 즐거이 부르며 기뻐하시리라** 하리라(습 3:17).

볼지어다 내가 문 밖에 서서 두드리노니 누구든지 내 음성을 듣고 문을 열면 내가 그에게로 들어가 **그와 더불어 먹고 그는 나와 더불어 먹으리라**(계 3:20).

하나님께서는 우리와 함께 기쁨을 나누고 깊은 사랑의 교제를 나누기를 원하셨습니다. 그것이 우리를 지으신 중요한 목적이었습니다. 또한 이를 명령하셨습니다.

⁴이스라엘아 들으라 우리 하나님 여호와는 오직 유일한 여호와이시니 ⁵너는 마음을 다하고 뜻을 다하고 힘을 다하여 네 하나님 여호와를 사랑하라(신 6:4~5).

예수님도 명령하셨습니다.

³⁷예수께서 이르시되 네 마음을 다하고 목숨을 다하고 뜻을 다하여 주 너의 하나님을 사랑하라 하셨으니 ³⁸이것이 크고 첫째 되는 계명이요 ³⁹둘째도 그와 같으니 네 이웃을 네 자신같이 사랑하라 하셨으니 ⁴⁰이 두 계명이 온 율법과 선지자의 강령이니라(마 22:37~40).

하나님도 우리를 너무나 사랑하셔서 너는 내 것이라고 말씀하셨습니다.

야곱아 너를 창조하신 여호와께서 지금 말씀하시느니라 이스라엘아 너를 지으신 이가 말씀하시느니라 너는 두려워하지 말라 내가 너를 구속하였고 내가 너를 지명하여 불렀나니 너는 내 것이라(사 43:1).

하나님이 세상을 이처럼 사랑하사 독생자를 주셨으니 이는 그를 믿는 자마다 멸망하지 않고 영생을 얻게 하려 하심이라(요 3:16).

사랑은 여기 있으니 우리가 하나님을 사랑한 것이 아니요 하나님이 우리를 사랑하사 우리 죄를 속하기 위하여 화목 제물로 그 아들을 보내셨음이라(요일 4:10).

우리가 사랑함은 그가 먼저 우리를 사랑하셨음이라(요일 4:19).

그러므로 하나님의 지으심을 받고 예수 안에서 자녀 된 우리에게는 하나님을 즐거워하며 찬양해야 할 이유가 있는 것입니다.

내 영혼아 여호와를 송축하라 내 속에 있는 것들아 다 그의 거룩한 이름을 송축하라(시 103:1).

여호와의 지으심을 받고 그가 다스리시는 모든 곳에 있는 너희여 여호와를 송축하라 내 영혼아 여호와를 송축하라(시 103:22).

너희 모든 나라들아 여호와를 찬양하며 너희 모든 백성들아 그를 찬송할지어다(시 117:1).

하늘의 천사들도 우리와 같이 하나님을 찬양하고 있습니다.

능력이 있어 여호와의 말씀을 행하며 그의 말씀의 소리를 듣는 여호와의 천
사들이여 여호와를 송축하라 그에게 수종 들며 그의 뜻을 행하는 모든 **천군**
이여 여호와를 송축하라(시 103:20~21)

* 천군: 천사들의 무리를 의미함

2) 교회사의 신앙고백

영국 런던에 있는 웨스트민스터교회는 영국 성공회의 대표적인 교회이
기도 하지만 개혁교회, 즉 개신교 역사에 있어서도 매우 중요한 의미를 가
진 교회입니다. 웨스트민스터 신앙고백서는 영국 청교도들에 의한 종교
개혁과 혁명이 의회와 교회를 통해 추진되고 있었던 1643년 7월 1일부터
1649년 2월 22일까지 5년 7개월에 걸쳐 만들어졌습니다. 159명의 회원(목
사 126명, 평신도 33명)이 1,163회나 모임을 가진 끝에 기독교의 핵심 교리
들을 체계화하여 완성한 것입니다.

이 신앙고백서는 현재 전 세계 대부분의 장로교회를 포함한 많은 교회가
받아들이고 있습니다. 웨스트민스터 신앙고백서를 작성하는 과정에서 교
회 교육용으로 만들어진 주요 교리에 대한 문답식 교재가 대·소요리(要理)
문답서입니다.

대요리 문답의 첫 번째 질문은 다음과 같이 시작됩니다.

문: 사람의 최고의 목적이 무엇입니까?

답: 하나님께 영광 돌리고 그분을 영원토록 충만하게 즐거워하는 것입니다.

하나님께 영광을 돌린다는 표현은 하나님을 영광스럽게 해드린다는 의미이며 하나님을 찬양한다는 고백입니다. 그분을 즐거워한다는 것은 하나님으로 인하여 즐거워하는 삶을 의미합니다. 이와 관련하여 이 고백서가 만들어지기 천 년이나 이전의 인물인 어거스틴은 이렇게 말했습니다. "우리는 모든 것을 수단으로 하나님을 즐거워해야 한다." 그의 이 말은 어떤 일을 하든지 그 속에서 하나님을 즐겁게 해드려야 한다는 의미로 해석됩니다.

이제 우리 삶의 목적은 더욱 분명해졌습니다. **하나님을 영광스럽게 해드리고 하나님을 즐겁게 해드리는 것이 삶의 목적입니다.** 앞으로 중요한 것은 **어떻게(How to) 그렇게 할 것인가** 하는 문제입니다. 다음의 말씀을 읽고 '어떻게'에 해당되는 답을 구해봅시다.

> 너희는 이 세대를 본받지 말고 오직 마음을 새롭게 함으로 변화를 받아 하나님의 선하시고 기뻐하시고 온전하신 뜻이 무엇인지 분별하도록 하라(롬 12:2).

위의 말씀에서 '분별하도록 하라'에서 '분별'은 헬라어 '도키마제인'이라는 단어인데 이는 '증명하다(prove)'라는 뜻입니다. 그리스도인은 세상을 본받지 않아야 하고 변화된 이후에는 무엇인가를 증명해야 하는 존재라는 뜻입니다. 증명해야 하는 내용은 **하나님의 선하시고 온전하신 뜻입니다.** 다시 풀어서 설명하면 **"무엇을 하면서 살든지, 세속적인 것을 본받지 말고 그 하고자 하는 일을 통해서 하나님이 얼마나 선하신 분인지, 또 하나님이 무엇을 기뻐하시는지, 그리고 하나님이 인정하실 만한 것이 무엇인지 밝혀 드러내는 삶을 살라"**

는 명령입니다. 만약 우리가 이렇게 하나님을 증명하고, 하나님을 인정하고, 하나님을 시인하며 살면 하나님께 영광이 되는 것입니다. 그리고 그분께서 기뻐하실 것입니다.

다음은 예수님께서 하신 말씀입니다.

> [32]누구든지 사람 앞에서 나를 시인하면 나도 하늘에 계신 내 아버지 앞에서 그를 시인할 것이요 [33]누구든지 사람 앞에서 나를 부인하면 나도 하늘에 계신 내 아버지 앞에서 그를 부인하리라(마 10:32~33).

또 구약의 말씀에서도 알 수 있습니다.

> 너는 범사에 그를 인정하라 그리하면 네 길을 지도하시리라(잠 3:6).

> 그러므로 이스라엘의 하나님 나 여호와가 말하노라 내가 전에 네 집과 네 조상의 집이 내 앞에 영원히 행하리라 하였으나 이제 나 여호와가 말하노니 결단코 그렇게 하지 아니하리라 나를 존중히 여기는 자를 내가 존중히 여기고 나를 멸시하는 자를 내가 경멸하리라(삼상 2:30).

무엇을 하든지 우리는 그 일을 통해서 하나님을 기쁘시게 해드리고, 증명하고, 시인하고, 인정하려고 해야 합니다. 그것이 하나님이 함께하시는 일이며 우리가 이 땅에 존재하는 목적을 이루는 일이 됩니다. 또한 다음의 말씀을 이루는 것이 됩니다.

그런즉 너희가 먹든지 마시든지 무엇을 하든지 다 하나님의 영광을 위하여
하라(고전 10:31).

나의 간절한 기대와 소망을 따라 아무 일에든지 부끄러워하지 아니하고 지
금도 전과 같이 온전히 담대하여 살든지 죽든지 내 몸에서 그리스도가 존귀
하게 되게 하려 하나니(빌 1:20).

그러므로 하나님 앞에서는 그 일이 무엇인가 하는 것은 크게 중요하지 않
습니다. 무엇을 위해서 그 일을 하는지가 더욱 중요합니다. 그 일을 통해서
어떤 산물을 내었는가도 중요하지만, 하나님을 기쁘시게 하기 위한 동기와
과정으로 그 일을 하는 것이 더 중요합니다. 즉 자신을 증명하는 삶이 아닌
하나님을 증명하는 삶이 되어야 한다는 것입니다.

에릭 리들이라고 하는 영국의 육상 선수가 있었습니다. 그는 1924년 제8
회 파리 올림픽에 국가대표로 출전하여 400미터 종목에서 금메달을 땄습
니다. 그는 자신이 운동장에서 뛸 때 하나님이 기뻐하시는 것을 느낀다고
했습니다. 그리고 금메달 수상 소감을 묻자, 200미터는 내 힘으로 달렸고 나
머지 200미터는 하나님이 함께 달리셨다고 말했습니다. 우리가 하나님을
기쁘시게 하기 위해 하는 일에는 하나님께서 반드시 함께하십니다.

하나님의 영광을 위한다는 목적으로 하지 않은 모든 일은 '나의 일'이며
'이 땅의 일'이고 '순간의 일'에 지나지 않습니다. 그러나 비록 세상에서는
하찮은 것처럼 보이는 일이라 할지라도 하나님을 기쁘시게 하고자 하는 마

음으로, 즉 하나님을 증명하고자 하는 마음으로 행한 모든 일은 '하나님의 일'이고 '하늘의 일'이며 '영원히 영광을 돌리는 일'이 되는 것입니다. 그리고 그런 사람들은 이 땅에 존재하는 목적대로 살고 있는 사람입니다.

우리가 누구이며 어디에서 일하며 무슨 일을 하며 어떤 지위에 있는가 하는 것이 중요하지 않은 것은 아닙니다. 그러나 우리의 신분과 직장, 직종, 직위가 하나님을 증명해 보이고 하나님께 영광을 돌리는 본래의 사명에 장애가 되어서는 안 됩니다.

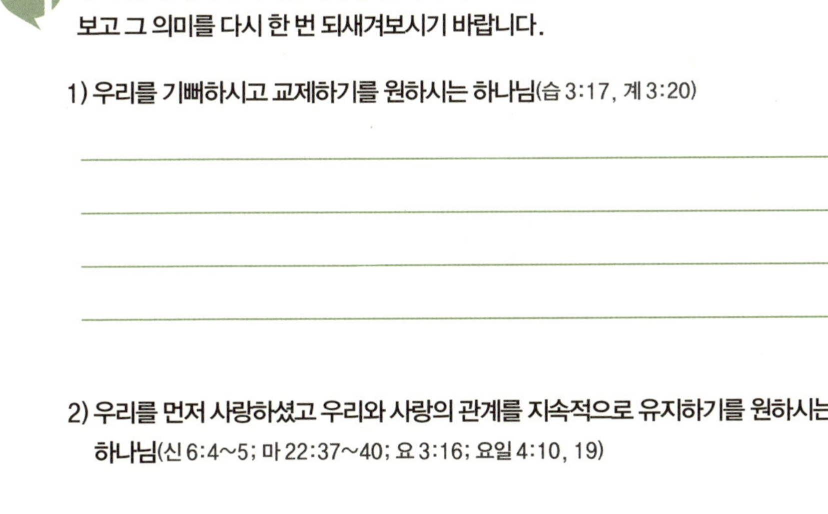

우리 삶의 목적이 하나님께 영광 돌리기 위한 것임을 알게 해주는 성경구절을 적어보고 그 의미를 다시 한 번 되새겨보시기 바랍니다.

1) 우리를 기뻐하시고 교제하기를 원하시는 하나님(습 3:17, 계 3:20)

____

____

____

____

2) 우리를 먼저 사랑하셨고 우리와 사랑의 관계를 지속적으로 유지하기를 원하시는 하나님(신 6:4~5; 마 22:37~40; 요 3:16; 요일 4:10, 19)

____

3) 하나님을 찬양해야 하는 이유와 찬양에 대한 명령들(시 103:20, 22)

4) 하나님께 영광을 돌려야 함에 대한 명령(고전 10:31)

Q2 어떻게 하나님께 영광 돌리는 삶을 살 것인가에 대한 근거 구절(롬 12:2)을 적고 다시 한 번 그 의미를 묵상해보십시오.

Q3 하나님께 영광을 돌리고 하나님을 증명하기 위해 최소한 고려해야 할 세 가지 요소는 무엇입니까?(롬 12:2) 그 세 가지 요소를 나의 모든 삶의 영역에서 고려하거나 적용하고 있습니까?

Q4 아직도 하나님이 아닌 자신을 증명하려는 사람들이 많습니다. 성경의 가르침은 이와 정반대입니다. 우리에게 주신 모든 환경 속에서, 이미 주신 역량과 달란트를 가지고 하나님을 증명하라는 것입니다. 지금까지 나의 삶은 나를 증명하는 삶이었습니까, 하나님을 증명하는 삶이었습니까?

Q5 대요리 문답 제1문의 대답을 자신의 말로 다시 한 번 고백하고 아래 빈 칸에 써보시기 바랍니다.

문: 사람에게 있어서 최고의 목적이 무엇입니까?

답:

아이젠하워 대통령은 미국에서 드문 5성(星) 장군 출신입니다. 육군참모 총장, 나토군 총사령관을 지낸 그는 직업군인으로서는 특이하게도 콜롬비아 대학교 총장을 역임한 후 1953년에 제34대 대통령에 당선됩니다. 세계에서 이런 화려한 이력을 가진 사람은 많지 않을 것입니다. 아이젠하워는 1969년 3월 28일 78세의 나이에 생을 마감하게 되는데, 그가 숨을 거두기 몇 달 전 목사님을 그의 침실에 초청하여 이런 말을 했다고 합니다.

"목사님, 저는 5성 장군에, 대학 총장, 그리고 대통령을 지냈습니다. 그런데 지금 이 순간, 제가 이전에 무엇을 했는지는 관심이 없습니다. 목사님, 제가 죽으면 어떻게 되겠습니까? 저의 관심은 오직 여기에 있습니다. 저를 도와주십시오. 죽음 이후의 삶에 대하여 알게 해주십시오."

무엇이 되어 살든지, 어디에서 무엇을 하며 살든지, 사는 동안 살아 계신 하나님과 교제하며 살아야 합니다. 그렇지 않다면 죽음에 임박해서 그 모든 것이 아무 의미 없음을 알게 될 것입니다.

너는 청년의 때에 너의 창조주를 기억하라 곧 곤고한 날이 이르기 전에, 나는 아무 낙이 없다고 할 해들이 가깝기 전에 해와 빛과 달과 별들이 어둡기 전에, 비 뒤에 구름이 다시 일어나기 전에 그리하라(전 12:1~2).

오직 하나님을 기쁘시게 한 삶만이 영원한 가치가 있습니다. 이것을 죽기 전에 깨닫는다면 너무 늦은 것이고 죽을 때까지도 깨닫지 못한다면 정말 불행한 일일 것입니다.

5 예배란 무엇인가

2010년 광저우 아시안게임에 국가대표 바둑 선수로 선발되었던 국내 여류 기사 중 최강자인 조혜연 씨의 기사가 화제가 된 적이 있습니다. 우리나라에서 국가대표선수가 종교적 소신, 즉 주일성수(主日聖守)를 이유로 국제대회 출전을 포기한 사례는 이번이 처음이었기 때문입니다.

조혜연 선수는 주일에는 예배를 드리고 교회 생활하는 것 외에 아무것도 하지 않기로 유명했습니다. 실제로 국내 대회도 주일 대국은 하지 않았다고 합니다. 조 선수는 광저우 아시안게임에서 주일에 벌어지는 대국에 참여할 수 없었기에 국가대표 선발을 고사했으나 워낙 실력이 출중하여 주일이 아닌 경기에 출전하는 조건으로 선발했던 것입니다.

조 선수의 말입니다. "저는 프로 기사입니다. 바둑을 두고 돈을 법니다. 봉사활동이 아닙니다. 그래서 주일에는 내가 수고하여 돈 버는 일을 하지 않겠다는 것입니다. 이것은 저의 판단에 따른 개인 문제이므로 다른 누구에게도 피해를 주지 않는다고 생각합니다."

그렇습니다. 주일성수는 기독교인의 특권이며 의무입니다. 주일에만 예배 드리는 것은 아니지만 주일성수의 중심에는 예배가 있습니다. 그러므로 예배란 무엇이며 어떻게 드려야 하는지를 아는 것은 매우 중요합니다.

5 예배란 무엇인가

오늘의 말씀 | 아버지께 참되게 예배하는 자들은 영과 진리로 예배할 때가 오나니 곧 이때라 아버지께서는 자기에게 이렇게 예배하는 자들을 찾으시느니라(요 4:23).

오늘의 찬송 1 | 38장 〈예수 우리 왕이여〉

1. 예배의 정의

예배(禮拜)의 한자어 뜻은 '예를 갖추어 절하다'라는 의미입니다. 히브리어로는 '샤하아'(shahah)이며 '엎드리다'라는 의미를 가집니다. 헬라어로는 '프로스퀘네오'(Proskuneo)라고 하는데 이 역시 '엎드리다, 절하다'라는 의미입니다.

구약성경의 몇 가지 예를 보겠습니다.

눈을 들어 본즉 사람 셋이 맞은편에 섰는지라 그가 그들을 보자 곧 장막 문에서 달려 나가 영접하며 **몸을 땅에 굽혀**(창 18:2).

그러므로 예배란 하나님 앞에서 몸을 낮추고 머리 숙여 경배하는 것을 의
미합니다. 구약적 예배의 외적 형식과 유사한 모습을 잘 유지하고 있는 종
교가 이슬람입니다. 이슬람 신도들이 예배하는 모습을 보면, 두 무릎 사이
에 머리를 숙여 절하듯이 예배합니다.

■■■ 2. 예배의 시작

성경 전체에서 첫 번째 예배에 해당되는 사건은 창세기 4장 3절 이하에 나
오는 가인과 아벨의 제사입니다. 그리고 가족 단위로 예배하는 장면은 창세
기 4장 26절에 처음 나옵니다.

예배는 창조 후 2세대, 3세대로부터 시작되었으며 지금도 하나님은 끊임
없이 예배하는 자들을 찾고 계십니다.

아버지께 참되게 예배하는 자들은 영과 진리로 예배할 때가 오나니 곧 이
때라 아버지께서는 자기에게 이렇게 예배하는 자들을 찾으시느니라(요
4:23).

너희는 여호와 우리 하나님을 높이고 그 성산에서 예배할지어다 여호와 우
리 하나님은 거룩하심이로다(시 99:9).

구약성경에서의 제사와 예배는 그 의미가 동일합니다. 창세기 22장에 보
면 하나님께서 아브라함에게 이삭을 번제, 즉 제사의 제물로 드리라고 명령
하셨고 이를 아브라함은 예배로 표현합니다.

²여호와께서 이르시되 네 아들 네 사랑하는 독자 이삭을 데리고 모리아 땅
으로 가서 내가 네게 일러준 한 산 거기서 그를 **번제**로 드리라 ³아브라함이
아침에 일찍이 일어나 나귀에 안장을 지우고 두 종과 그의 아들 이삭을 데
리고 번제에 쓸 나무를 쪼개어 가지고 떠나 하나님이 자기에게 일러주신 곳
으로 가더니 ⁴제삼일에 아브라함이 눈을 들어 그곳을 멀리 바라본지라 ⁵이
에 아브라함이 종들에게 이르되 너희는 나귀와 함께 여기서 기다리라 내
가 아이와 함께 저기 가서 **예배**하고 우리가 너희에게로 돌아오리라 하고(창
22:2~5).

*번제(燔際, a burnt offering) : 제물의 각을 뜬 후 태워서 바치는 제사

궁극적으로 말하자면 하나님은 우리의 예배를 받으시기 위하여 우리를
창조하셨습니다. 〈출애굽기〉에 보면 이스라엘 백성들을 구출해내시는 목
적도 그들을 통하여 구별된 곳에서 예배를 받으시기 위함이었습니다.

그들이 네 말을 들으리니 너는 그들의 장로들과 함께 애굽 왕에게 이르기를 히브리 사람의 하나님 여호와께서 우리에게 임하셨은즉 우리가 우리 하나님 **여호와께 제사를 드리려 하오니 사흘길쯤 광야로 가도록** 허락하소서 하라(출 3:18).

그들이 이르되 히브리인의 하나님이 우리에게 나타나셨은즉 우리가 광야로 **사흘길쯤 가서 우리 하나님 여호와께 제사를 드리려** 하오니 가도록 허락하소서 여호와께서 전염병이나 칼로 우리를 치실까 두려워하나이다(출 5:3).

■■■ 3. 예배의 역사

예배는 창세기 4장 가인과 아벨의 제사로부터 창세기 4장 26절 셋의 가정 예배로 시작되어 출애굽 후 성막에서의 제사, 가나안 정착 후 성전에서의 제사, 그리고 이를 전후로 한 아브라함, 이삭, 야곱 등 개인의 예배(제사)로 이어집니다. 바벨론 포로시대(B.C. 586~450)에 있었던 회당 예배, 포로 귀환 후의 성전 제사, 그리고 성전 함락 사건(A.D. 70) 이후의 흩어진 유대인들에 의해 현재까지 드려지고 있는 안식일의 회당 예배가 있습니다. 또한 기독교 초대교회 때부터 안식 후 첫날(주일) 드려지던 기독교 예배, 로마 가톨릭의 미사로 예배의 본질이 왜곡되었다가 다시 종교개혁(1517) 후 재정립된 현재의 기독교 예배 등으로 예배의 정신과 형태는 다양하게 전해 내려오고 있습니다.

이런 가운데 우리는 참된 예배가 무엇이며, 성경적인 예배, 즉 하나님께서 받기 원하시는 예배가 무엇인지를 찾아서 이에 합당한 예배를 드려야 할 것입니다.

4. 예배의 본질과 중심

1) 예배의 본질

예배의 본질은 하나님을 경배하는 것입니다. 다시 말해서 예배를 받으시는 분, 예배의 대상은 오직 하나님이십니다. 애굽 왕 바로는 예배를 허락하지 않아서 멸망했고, 우상숭배자들은 예배의 대상을 잘못 선택한 오류를 범하여 그에 합당한 심판을 받았습니다. 요즈음 예배의 대상이 조직이나 인간이 되는 경우가 종종 있습니다. 생일, 취임, 각종 축하 예배 등은 자칫 잘못하면 예배의 대상이 뒤섞이기 쉽고 심지어는 예배를 드려야 할 인간이 예배를 받는 자리에 서게 되는 안타까운 장면도 보게 됩니다. 요한복음 4장 23절에서는 하나님께서 찾으시는 자는 그냥 예배자가 아니라 **'하나님께' 예배하는 자**라고 분명히 말씀하고 있습니다.

〈로마서〉의 말씀도 이를 강조하고 있습니다.

> 그러므로 형제들아 내가 하나님의 모든 자비하심으로 너희를 권하노니 너희 몸을 하나님이 기뻐하시는 거룩한 산 제물로 드리라 이는 너희가 드릴 영적 예배니라(롬 12:1).

예수님께서도 사탄에게 명하셨습니다.

> 이에 예수께서 말씀하시되 사탄아 물러가라 기록되었으되 주 너의 하나님
> 께 경배하고 다만 그를 섬기라 하였느니라(마 4:10).

예배의 대상은 오직 하나님이심을 놓치지 말아야 합니다. 그러므로 예배
에서 지나치게 감정적이거나 혹은 개인의 기호에 이끌리는 일이 없어야 합
니다.

2) 예배의 중심

우리가 하나님을 예배하는 것은 예배할 자격, 즉 죄에서 구원을 얻었기
때문입니다. 예배할 자격은 우리가 성취한 것이 아니고 하나님께서 선물로
주신 것입니다.

> 너희는 그 은혜에 의하여 믿음으로 말미암아 구원을 받았으니 이것은 너희
> 에게서 난 것이 아니요 하나님의 선물이라(엡 2:8).

우리에게 이 선물이 오도록 하신 분은 예수님이십니다. 예수님은 예배의
중심이 되십니다. 예수님을 통해서 우리는 하나님께 나아가 하나님을 예배
하며 높일 수 있게 되었습니다.

> 우리가 **그 안에서** 그를 믿음으로 말미암아 담대함과 확신을 가지고 하나님
> 께 나아감을 얻느니라(엡 3:12).
>
> *그 안에서: 예수님 안에서, 즉 예수님을 중심으로

과거에는 그렇지 못했습니다. 제사를 드리러 와도 보통 사람들은 그 자신의 죄로 인하여 직접 하나님께 제물을 드릴 수조차 없었습니다. 그래서 제사를 대신 드리도록 구별하여 세우신 자들이 바로 레위 지파에 속한 제사장들이었습니다. 죄인들은 제물을 잡을 권한도 없어서 제물을 잡고 바치는 전 과정을 제사장들이 했습니다. 그리고 지성소(至聖所, 성전에서 가장 거룩한 곳, 하나님 임재의 상징적 장소) 안으로 제물의 피를 가지고 일 년에 한 번씩 들어가는 것도 대제사장만이 할 수 있는 일이었습니다. 그래서 구약시대의 제사는 사실상 중간자였던 제사장들이 대신 바치는 제사였던 것입니다.

그러나 지금은 예수님이 우리의 영원한 대제사장이 되셔서 우리 대신 그분의 몸을 하나님께 직접 드리시고 우리와 하나님 사이를 연결해주셨습니다. 그래서 우리가 하나님께 담대히 나아갈 길을 얻게 된 것입니다.

다음 말씀을 살펴보겠습니다.

> 그러므로 함께 하늘의 부르심을 받은 거룩한 형제들아 우리가 믿는 도리의 사도이시며 대제사장이신 예수를 깊이 생각하라(히 3:1).

> 그는 저 대제사장들이 먼저 자기 죄를 위하고 다음에 백성의 죄를 위하여 날마다 제사 드리는 것과 같이 할 필요가 없으니 이는 그가 단번에 자기를 드려 이루셨음이라(히 7:27).

> 염소와 송아지의 피로 하지 아니하고 오직 **자기의 피**로 영원한 속죄를 이루사 단번에 성소에 들어가셨느니라(히 9:12).
> *자기의 피 : 예수님의 피

우리가 거룩함을 입고 구원을 받아 하나님께 나아올 수 있었던 변화의 중심에는 예수님이 계셨습니다. 예수님이 나의 구원의 핵심이고 예수님은 나의 구원자이십니다. 그래서 우리는 항상 예수님을 중심에 모시고 예배를 드리는 것입니다. 예배자의 가슴속에 영원히 살아 계실 이름은 예수님이며, 그 예배를 받으시는 분은 하나님이십니다. 그리고 성령께서 예배 가운데 임재하십니다. 그러므로 예배는 성부, 성자, 성령의 체험의 현장이며 삼위일체 하나님께서 함께 받으시는 오늘날의 제사인 것입니다.

기억하십시오. **예배의 중심에는 예수님이 계십니다. 왜냐하면 예수님이 우리를 예배자로 하나님 앞에 설 수 있도록 하셨기 때문입니다.**

5. 예배의 요소

예배의 본질, 중심, 예배의 대상 등을 바르게 정립한 후에는 예배의 요소 즉 내용을 살펴야 합니다. 예배의 요소는 시간과 장소, 문화, 예배를 드리는 회중에 따라 다양하게 구성할 수 있습니다(대전제는 예배의 본질과 중심, 대상이 지켜지는 것입니다). 보통은 묵도-신앙고백-찬양-기도-설교-헌금-교제-축도 등이 앞뒤 순서만 조정된 상태로 진행됩니다. 이 현상은 초대교회부터 중세, 그리고 현대 전 세계의 기독교 교회들이 공통으로 유지하고 있는 것입니다. 다만 교회별로 성만찬을 자주 혹은 매주, 아니면 절기 때 한 정해서 실시하고 있습니다. 그러면서 성만찬의 횟수가 점점 줄어들고 있는 것이 현실입니다.

현재 기독교의 경우 각 교단마다 '예배 모범'을 정하고 있는데 이 또한 법 규나 강제 조항과 같이 준수를 강요하지는 않습니다. 병원에서 수술 전, 임 종 시 등에 짧게 드려야 할 예배일 경우 예배 요소들을 얼마든지 축소할 수 있습니다. 그리고 전쟁터나 공사장 혹은 시장, 학교 교실 등에서의 예배도 집례자에 따라 예배 요소를 조정할 수 있습니다. 구약시대와 달리 지금은 예배의 장소, 시간, 요소에 있어서 의식에 매이지 않고 내용에 집중하도록 하는 것이 성경이 강조하고 있는 바입니다.

지역교회에 속한 그리스도인들은 출석 교회의 모든 공(共)예배에 빠짐없 이 참석해야 합니다. 공예배란 전 교인을 상대로 주 단위로 드려지는 예배 로 보통 주일 오전, 저녁(오후), 그리고 수요예배(야간 혹은 주간)를 말합니 다. 이 외에도 새벽기도회, 금요기도회, 주 중에 모이는 구역(속, 셀 등)예배 등이 있습니다.

모든 예배의 본질은 같습니다. 그리스도인의 생활은 예배를 중심으로 계 획되는 것이 영적으로 유익하고 건강에도 좋습니다. 특히 주일에는 일상의 일을 중단하고 안식하며 예배해야 합니다. 교회 내외에서 성도간의 교제를 나누고 봉사하는 것은 영육이 새로워지고 하나님의 은혜를 체험하는 복된 기회가 될 것입니다.

한편 예배 시간을 잘 지키고 정숙한 옷차림을 하며 가급적 앞자리에서 준 비된 마음으로 예배드려야 합니다. 주일예배, 수요예배 등 모든 공예배에 빠짐없이 참석하여 예배자로서 나가도록 노력하는 것이 중요합니다.

Q1 예배의 정의를 적어본 후 이제까지 가지고 있던 예배에 대한 생각을 나누어보시기 바랍니다.

____

____

____

Q2 인간을 창조하신 목적과 출애굽시키신 목적의 공통점은 무엇입니까?(요 4:23, 출 5:3).

____

____

____

Q3 예배의 본질과 예배의 중심은 무엇인지 적어보십시오. 그리고 지금 내가 드리고 있는 예배와는 어떤 차이가 있는지, 나의 예배에서 어떤 점이 달라져야 하는지 고백해봅시다.

____

____

____

Q4 지역교회에서 드려지는 각종 공예배와 그 예배에 정기적이고 신실하게 참여하는 것은 우리에게 어떤 유익이 있습니까? 자신의 경험을 나누면서 더 많은 유익한 점을 찾아보시기 바랍니다.

지금 나는 예배를 중심으로 생활하고 있습니까? 아니면 예배는 선택 사항(옵션)이며 주변부에 밀려나 있습니까? 예배 중심의 삶을 살기로 결단하고 그 결단한 바를 함께 나누어보십시오.

예배(Worship=Worth+ship)는 최고의 가치입니다. 애굽의 왕 바로는 이스라엘 백성들이 광야로 나가 예배를 드리고자 했으나 이를 허락치 않았습니다. 예배를 방해했던 것입니다. 프랑스혁명 이후의 혁명정부도, 러시아혁명 이후의 공산정부도 한결같이 예배를 방해하고 주일성수를 못하도록 강제하였습니다. 심지어는 5일에 하루를 쉬도록 해서 휴일과 주일이 겹치는 것을 막으려고 했습니다. 그러나 생산성도 오르지 않고 수많은 부작용이 도출되자 이번에는 8일 만에 하루를 쉬도록 했다가 다시 주일을 휴일로 복원시키는 조치를 취해야 했습니다.

미국 워싱턴 주의 암 검진 대상자 3,962명의 여성을 상대로 교회 출석과 암 발생 간의 상관관계를 조사한 결과에 따르면, 1주일에 한 번 혹은 그 이상 예배에 참석하는 여성들의 암 발생 비율이 1.13%로 나타났습니다. 이는 1년에 한두 번 정도 출석하는 여성들의 암 발생율(3.52%)이 정기적인 예배

참석자보다 3.2배나 많은 것으로, 정기적인 예배 참석과 암 발생은 상관관계가 뚜렷한 것으로 보고되었습니다.

하나님은 그분을 간절히 찾는 자를 만나주시며 하나님을 찬양하며 예배하는 자들을 위로하시고 치료하십니다.

> 나를 사랑하는 자들이 나의 사랑을 입으며 나를 간절히 찾는 자가 나를 만날 것이니라(잠 8:17).

> [1]내 영혼아 여호와를 송축하라 내 속에 있는 것들아 다 그의 거룩한 이름을 송축하라 [2]내 영혼아 여호와를 송축하며 그의 모든 은택을 잊지 말지어다 [3]그가 네 모든 죄악을 사하시며 네 모든 병을 고치시며 [4]네 생명을 파멸에서 속량하시고 인자와 긍휼로 관을 씌우시며 [5]좋은 것으로 네 소원을 만족하게 하사 네 청춘을 독수리같이 새롭게 하시는도다(시 103:1~5).

예배의 승리자가 참 승리자입니다. 다음 과에서는 예배가 삶 속에서 어떻게 드려지는지에 대해 함께 나누겠습니다.

오늘의 말씀 다시 보기 | 아버지께 참되게 예배하는 자들은 영과 진리로 예배할 때가 오나니 곧 이때라 아버지께서는 자기에게 이렇게 예배하는 자들을 찾으시느니라(요 4:23).

오늘의 찬송 2 | 29장 〈성도여 다 함께〉

6 삶으로 드리는 또 다른 예배

에릭 리들은 스코틀랜드에서 중국 텐진으로 파송된 선교사의 아들이었습니다. 중국에서 어린 시절을 보낸 그는 스코틀랜드의 에든버러 대학교를 다니며 육상에 재질을 보여 육상 선수와 럭비 선수로 활동했습니다. 그리고 전 영국 단거리를 제패하며 1924년 제8회 파리올림픽 100미터 영국 국가대표로 선발되었습니다.

그런데 파리에 도착해서 100미터 결승전 경기가 7월 6일 주일 오후에 열리기로 되어 있는 것을 알고 고민에 빠졌습니다. 그러나 그는 평소대로 주일을 성수하기로 하고 출전을 포기했습니다. 폭포수 같은 비난이 본국과 파리 현지에서 터져 나왔습니다. 덕분에 자신보다 기록이 한참 뒤졌던 팀 동료가 우승을 했고, 경기 당일 에릭 리들은 파리 시내의 교회에서 간증을 하고 안식했습니다.

　며칠 후 리들은 200미터 경기에서 동메달을 획득하고, 자신의 주 종목도 아닌 400미터 경기에서 모두의 예상을 깨고 금메달을 목에 걸었습니다. 경기장을 나설 때 전담 물리치료사가 그에게 종이쪽지를 건네주었는데 "누구든지 사람 앞에서 나를 시인하면 나도 하늘에 계신 내 아버지 앞에서 그를 시인할 것이요(마 10:32)"라는 성경구절이 쓰여 있었습니다. 그 후 리들은 모든 세상적인 영광을 뒤로하고 중국으로 돌아가 19년간 선교사로 헌신하다가, 1945년 뇌출혈로 쓰러져 44년간의 생을 마감하고 하늘나라로 돌아갔습니다.

　그에게 주일성수란 단지 의식으로 드리는 예배만이 아니라 온 삶으로 하나님을 경배하며 기쁘시게 해드리는 것이었습니다.

6 삶으로 드리는 또 다른 예배

오늘의 말씀 | 그러므로 형제들아 내가 하나님의 모든 자비하심으로 너희를 권하노니 너희 몸을 하나님이 기뻐하시는 거룩한 산 제물로 드리라 이는 너희가 드릴 영적 예배니라(롬 12:1).

오늘의 찬송 1 | 26장 〈구세주를 아는 이들〉

1. 예배의 또 다른 정의(定義)

우리는 지난 과에서 예배의 정의에 대하여 살펴보았습니다. 주로 '엎드리다', '절하다'의 뜻이었습니다. 그런데 '예배'라는 뜻을 가진 또 다른 단어가 있습니다. 그것은 히브리어(구약성경은 히브리어로 신약성경은 헬라어 즉 그리스어로 쓰였기에 이 언어로 된 뜻을 아는 것이 중요하다)로는 '아보다'(Aboda), 헬라어로는 '라트레이아'(Latreia)입니다. 이 두 단어의 뜻은 '섬기다'로 동일합니다. 아마 이 단어에서 영어의 예배에 해당되는 서비스(Service)가 나온 것으로 보입니다. 영어로는 예배를 워십(Worship), 혹은 워십 서비스(Worship Service)라고도 하지만 간단히 줄여서 서비스

(Service)라고 말하기도 합니다. 그래서 예배에 해당되는 헬라어와 히브리어 단어의 뜻에는 '서비스(Service)'라는 의미가 있고 이것을 다른 의미로 해석하면 '봉사하다', 혹은 '섬기다'가 되는 것입니다.

그러므로 예배의 또 다른 정의는 '섬기다' 혹은 '봉사하다'라고 할 수 있습니다. 물론 여기서 섬기며 봉사하는 대상은 하나님입니다. 하나님을 섬기고 하나님께 봉사하는 것이 바로 예배입니다. 따라서 지난 과에서 언급한 예배가 의식(儀式, Ceremony)을 강조한 예배였다면 이번 과의 예배는 **섬기는 삶**을 강조한 예배라고 이해하시면 됩니다.

예배란 '**하나님을 섬기는 삶**'인 것입니다. 간단히 설명하면 주일에 교회에 가서 정한 시간에 정한 장소에서 드리는 예배는 '의식'으로서 드리는 예배입니다. 이 예배도 분명히 예배입니다. 그리고 예배가 끝난 후부터 다시 우리는 삶으로 드리는 예배를 시작하는 것입니다. 따라서 그리스도인에게 있어서 예배는 전 삶입니다. 예배에는 끝이 없습니다. 우리의 삶을 통해 하나님을 지속적으로 높이고 경배하고 증명하는 것이 또 다른 예배이기 때문입니다.

하나님은 성전에만 계시는 분이 아닙니다. 하나님은 교회당에만 계시는 분이 아닙니다. 하나님은 예배 시간에만 계시는 분이 아닙니다. 하나님은 언제나 어디서나 우리와 함께하십니다.

> ⁷내가 주의 영을 떠나 어디로 가며 주의 앞에서 어디로 피하리이까 ⁸내가 하늘에 올라갈지라도 거기 계시며 스올에 내 자리를 펼지라도 거기 계시니이다 ⁹내가 새벽 날개를 치며 바다 끝에 가서 거주할지라도 ¹⁰거기서도 주의 손이 나를 인도하시며 주의 오른손이 나를 붙드시리이다(시 139:7~10).
>
> *스올: 지옥

그리고 항상 살아 계셔서 우리를 위해 일하고 계십니다.

[1]내가 산을 향하여 눈을 들리라 나의 도움이 어디서 올까 [2]나의 도움은 천지를 지으신 여호와에게서로다 [3]여호와께서 너를 실족하지 아니하게 하시며 너를 지키시는 이가 졸지 아니하시리로다 [4]이스라엘을 지키시는 이는 졸지도 아니하시고 주무시지도 아니하시리로다 [5]여호와는 너를 지키시는 이시라 여호와께서 네 오른쪽에서 네 그늘이 되시나니 [6]낮의 해가 너를 상하게 하지 아니하며 밤의 달도 너를 해치지 아니하리로다 [7]여호와께서 너를 지켜 모든 환난을 면하게 하시며 또 네 영혼을 지키시리로다 [8]여호와께서 너의 출입을 지금부터 영원까지 지키시리로다(시 121:1~8).

그러므로 항상 우리와 함께하시는 하나님 앞에서의 삶 전체가 예배인 것입니다. 종교개혁자들의 구호 가운데 '코람데오(Coram Deo)'라는 것이 있습니다. 라틴어인 이 구호의 뜻은 '하나님 앞에서'입니다. **하나님 앞에서 사는 삶이 예배입니다.**

2. '삶으로 드리는 예배'의 성경적 근거

다음의 말씀을 읽어보십시오.

그러므로 형제들아 내가 하나님의 모든 자비하심으로 너희를 권하노니 너희 몸을 하나님이 기뻐하시는 거룩한 **산 제물**로 드리라 이는 너희가 드릴 **영적 예배**니라(롬 12:1).

이 말씀을 바로 이해하기 위해서는 먼저 두 단어에 대한 뜻풀이가 필요합니다. '산 제물'과 '영적 예배'입니다.

먼저 '산 제물(living sacrifice)'은 살아 있는 제물이라는 의미입니다. 원래 제물이란 산 동물을 죽여서 드리는 것입니다. 그런데 위의 말씀은 우리 몸을 산 상태로 드리라는 것입니다. 우리의 삶을 **'죽여서 바쳤던 제물'**과 같이 하나님께서 받으실 만한 내용이 되도록 하라는 말씀입니다. 즉 살아서 하나님께 영광을 돌리는 삶이 바로 하나님께 드리는 산 제물이 되는 것입니다.

'영적 예배'란 무엇일까요. '영적인'의 헬라어는 '로기코스(logikos)'인데 이 단어의 뜻은 **'합당한'**, **'받으실 만한'**, **'마땅한'**의 의미를 가지고 있습니다. 즉 우리가 하나님 앞에서 거룩하게('거룩하다'라는 말은 '구별되다'라는 뜻입니다) 사는 것은 하나님께서 기뻐하실 일일 뿐만 아니라 하나님께서 받으실 만한 합당한 예배가 되는 것입니다.

삶이 곧 예배인 사람이 하나님을 가장 기쁘시게 해드리는 사람입니다.

▦▦▦ 3. 산 제물로 드리는 예배의 요소

1) 거룩함

산 제물로서의 삶에서 가장 중요한 요소가 바로 **'거룩함'**입니다. 거룩함은 곧 구별됨입니다. 우리는 세상을 떠나서 살 수 없습니다. 그것은 이 땅에 우리를 보내시고 우리와 교제하기를 원하시는 하나님의 뜻과도 배치됩니다. 그렇다고 이 세상과 섞여 분별력 없이 살 수도 없습니다. 바닷속의 물고기를 생각해보십시오. 짠 바닷물에 민물이 섞여 담수화되면 물고기는 위험에

처하게 됩니다. 담수화가 20% 이상 진행되면 물고기는 다른 곳으로 피해야 하고 그렇지 않으면 생명을 잃게 됩니다. 대부분의 바닷물고기는 짠물에서만 살 수 있도록 되어 있습니다(연어, 게, 거북이 등 예외도 있지만 보편적으로는 그렇습니다). 그런데 신기하게도 그렇게 짠 물에서 사는 물고기들의 몸 자체는 짜지 않습니다. 그래서 바닷물고기를 먹을 때에는 반드시 소금을 쳐서 먹거나 양념을 해서 먹습니다. 민물고기와 다를 바 없습니다. 바닷물에 살면서도 결코 바닷물을 받아들이지 않았기 때문입니다.

세상을 사는 그리스도인이 이와 같아야 합니다. 세상 속에 살지만 세상에 물들어 살 수는 없습니다. 세상과 섞이면 안 됩니다. 세상에서 하나님께서 기뻐하시는 요소만을 받아들이고 나머지는 받아들여서는 안 됩니다. 세상과 섞여 살면 거룩함을 상실하게 되고 그런 삶은 하나님께서 받으실 만한 합당한 예배가 될 수 없습니다.

2) 사랑의 실천으로서의 예배

일반적으로 예배는 축도나 주기도문으로 마칩니다. 삶으로서의 예배는 그 이후에도 계속됩니다. 예배는 하나님에 대한 사랑의 표현입니다. 하나님과 사랑의 관계를 가지고 있음으로 예배할 수 있는 것입니다. 성경은 끊임없이 하나님을 사랑하라고 명령하고 있습니다.

[4]이스라엘아 들으라 우리 하나님 여호와는 오직 유일한 여호와이시니 [5]너는 마음을 다하고 뜻을 다하고 힘을 다하여 네 하나님 여호와를 사랑하라 [6]오늘 내가 네게 명하는 이 말씀을 너는 마음에 새기고 [7]네 자녀에게 부지런히 가르치며 집에 앉았을 때에든지 길을 갈 때에든지 누워 있을 때에든지 일어날 때에든지 이 말씀을 강론할 것이며 [8]너는 또 그것을 네 손목에 매어

기호를 삼으며 네 미간에 붙여 표로 삼고 또 네 집 문설주와 바깥 문에 기록
할지니라(신 6:4~9).

예수님도 강조하셨습니다.

[37]예수께서 이르시되 네 마음을 다하고 목숨을 다하고 뜻을 다하여 주 너의
하나님을 사랑하라 하셨으니 [38]이것이 크고 첫째 되는 계명이요 [39]둘째도
그와 같으니 네 이웃을 네 자신같이 사랑하라 하셨으니 [40]이 두 계명이 온
율법과 선지자의 강령이니라(마 22:37~40).

예수님께서는 율법 중에서 어느 계명이 큰가에 대해 질문을 받으시고 위
와 같이 답하셨습니다. 가장 큰 첫 번째 계명은 하나님을 사랑하는 것이고
두 번째 계명은 이웃을 자기 자신같이 사랑하는 것인데 이 둘은 같다는 것
이 예수님의 가르침입니다. 이를 사랑의 이중계명이라고도 합니다.

성경 전체의 가르침은, 보이지 않는 하나님을 사랑하는 것은 보이는 이웃
을 사랑하는 것으로 증명될 수밖에 없다는 것과 이처럼 하나님의 사랑을 증
명하는 삶을 살라는 것입니다.

누구든지 하나님을 사랑하노라 하고 그 형제를 미워하면 이는 거짓말하는
자니 보는 바 그 형제를 사랑하지 아니하는 자는 보지 못하는 바 하나님을
사랑할 수 없느니라(요일 4:20).

23그러므로 예물을 제단에 드리려다가 거기서 네 형제에게 원망 들을 만한
일이 있는 것이 생각나거든 **24**예물을 제단 앞에 두고 먼저 가서 형제와 화목
하고 그 후에 와서 예물을 드리라(마 5:23~24).

임금이 대답하여 이르시되 내가 진실로 너희에게 이르노니 너희가 여기 내
형제 중에 지극히 작은 자 하나에게 한 것이 곧 내게 한 것이니라 하시고(마
25:40).
*임금: 하나님을 뜻함

예수님은 죄인인 우리를 부끄러워하지 아니하시고 친구라 부르시며, 우
리를 위하여 십자가에서 그 죗값을 치루셨습니다. 그리고 예수님은 이렇게
말씀하셨습니다.

사람이 친구를 위하여 자기 목숨을 버리면 이보다 더 큰 사랑이 없나니(요
15:13).

그러므로 예수님의 사랑을 입은 우리 그리스도인들은 이웃에 대해 다음
과 같은 태도를 가져야 합니다.

그가 우리를 위하여 목숨을 버리셨으니 우리가 이로써 사랑을 알고 우리도
형제들을 위하여 목숨을 버리는 것이 마땅하니라(요일 3:16).

그렇습니다. 이웃과 형제를 위한 사랑의 실천이 곧 우리가 하나님께 드려

야 할 마땅한 예배입니다.

　구약성경에 십계명이 기록되어 있습니다(출 20장, 신 5장). 십계명은 문자 그대로 열 가지 계명입니다. 십계명은 성경 전체의 가르침이 요약된 것입니다. 열 가지의 계명 중 1~4계명은 인간이 하나님을 사랑하는 방법에 대한 계명입니다. 그리고 5~10계명은 인간이 인간을 사랑하는 방법에 대한 계명입니다. 예수님이 하신 말씀과 위에 소개한 신약성경의 말씀들도 십계명과 같은 맥락입니다. 오늘날 전 세계에서 벌어지고 있는 비인도적인 사건 사고들의 핵심은 바로 인간이 하나님을 사랑하지 않고, 인간이 인간을 사랑하지 않기 때문입니다. 즉 삶 속에서 하나님을 예배하지 않기 때문입니다.

　이웃을 위해 봉사하고 부모를 공경하고 사랑하는 삶이 하나님을 예배하는 삶입니다. 그래서 예배가 서비스(Service)되는 것입니다. 하나님께 서비스하고 이웃에게 서비스하는 예배자로 살아간다면, 우리의 삶이 건강해지고 세상이 밝아질 뿐만 아니라 무엇보다 하나님께서 기뻐하실 것입니다.

■■■ 4. 다음의 질문에 답하고 서로 나누어봅시다

Q1 **예배의 정의 두 가지를 기록해보십시오**(5과 참조).

____

____

____

____

Q2 '섬기다', '봉사하다'라는 것은 하나님을 섬기는 삶으로서의 예배를 의미합니다. 섬김과 봉사의 대상은 누구입니까? 요한일서 4장 20절과 마태복음 22장 40절의 말씀을 토대로 묵상하고 나누어보십시오.

____

____

____

____

Q3 우리가 의식으로서의 예배에 머무른다면 하나님이 명하셨던 합당한 예배를 놓칠 수 있고, 하나님께서 우리를 자녀로 부르신 목적을 약화시킬 수 있습니다. 로마서 12장 1절에서 강조하고 있는 두 단어의 의미를 적어보고 오늘날 나의 삶에 적용할 수 있는 부분에 대해 나누어보십시오.

산 제물 ____________________________________

영적 예배 ___________________________________

적용 ______________________________________

____

Q4 삶으로 드리는 예배가 없다면 하나님께서는 의식으로 드리는 제물과 제사, 예배에 대하여 어떤 평가를 하실 것이라고 생각하십니까? 말라기 1장 6~10절에서 왜 하나님은 차라리 "성전 문을 닫을 자가 있었으면 좋겠다"고 탄식하셨을까요? 이사야 1장 10~17절에서는 "헛된 제물을 가져오지 말라(13절), 기도할지라도 듣지 않겠다(15절), 악행을 버리고 선행을 배우며 정의를 구하라(17절)"라고 촉구하십니다. 왜 그렇게 말씀하셨을까요? 예배를 받으시는 하나님의 심정으로 답을 구해보고 서로 나누어보십시오.

우리가 삶 속에서 의와 사랑을 구하지 않고 불의와 악행을 일삼으면 그 삶을 하나님이 받으시지 않습니다. 뿐만 아니라 그런 삶을 산 사람들이 모여 예배할지라도 하나님은 그 예배 또한 받지 않으시는 것입니다. 우리의 육체가 예배 장소에 가 있다고 하나님이 예배자로 여겨주시는 것이 아닙니다. 예수님의 말씀대로 마음과 힘과 뜻을 다해 하나님을 사랑하는 마음으로 사십시오. 또 그렇게 예배할 때에 그 예배를 받으시고 계속해서 우리를 예배자로 살게 하실 것입니다.

하나님과의 영적 소통, 기도

선교사님들만큼 기도의 힘을 체험하는 분들도 많지 않으리라 봅니다. 선교사님들의 구호와도 같은 절절한 표현 가운데 이런 것이 있습니다. "우리가 기도하면 하나님이 일하시고 우리가 기도하지 않으면 우리가 일한다"(When We Pray God Works, When We Don't Pray We Work). 선교 현장에서 기도로 준비하고, 기도함으로 진행할 때 놀라운 하나님의 손길이 있었음을 고백하는 표현입니다.

기도의 힘은 놀랍습니다. 5만 번이나 기도의 응답을 받았다고 하는 고아들의 아버지 조지 뮬러의 기도에 관한 일화들은 기적과 같습니다. 수천 명의 고아들을 굶기지 않고 양육했던 뮬러의 힘은 오직 기도에 있었습니다.

기도는 무엇일까요? 기도는 타 종교에도 있습니다. 어떤 종교는 백일기도, 천일기도 등 날짜를 정해놓고 기도하기도 합니다. 어떤 종교는 하루에 다섯 번씩 하던 일을 중단하고 특정 지역을 향해 엎드려 반드시 기도해야 합니다. 그들은 정한 시간이 되면 비행기 내에서도 승무원에게 특정 방향을 문의한 후 그곳을 향해 바닥에 엎드려 기도합니다. 이단 종교들도 기도합니다.

그렇다면 성경에서 말씀하고 있는 기도는 어떤 것일까요?

하나님과의 영적 소통, 기도

7

오늘의 말씀 | 너는 내게 부르짖으라 내가 네게 응답하겠고 네가 알지 못하는 크고 은밀한 일을 네게 보이리라(렘 33:3).

오늘의 찬송 1 | 364장 〈내 기도하는 그 시간〉

1. 기도에 대한 성경의 가르침

기도에 대한 성경의 기록을 먼저 보겠습니다.

1) 기도는 영적인 호흡과도 같다

기도는 쉬어서도 안 되고 쉴 수도 없습니다. 선지자 사무엘은 이스라엘 백성들에게 이렇게 말했습니다.

나는 너희를 위하여 기도하기를 쉬는 죄를 여호와 앞에 결단코 범하지 아니하고 선하고 의로운 길을 너희에게 가르칠 것인즉(삼상 12:23).

사도 바울도 하나님의 뜻을 다음과 같이 전했습니다.

쉬지 말고 기도하라(살전 5:17).

2) 하나님께서는 대화하듯 기도하기를 원하신다

그분께서는 우리의 형편과 사정을 잘 알고 계십니다.

너희가 내게 부르짖으며 내게 와서 기도하면 내가 너희들의 기도를 들을 것이요(렘 29:12).

[2]일을 행하시는 여호와, 그것을 만들며 성취하시는 여호와, 그의 이름을 여호와라 하는 이가 이와 같이 이르시도다 [3]너는 내게 부르짖으라 내가 네게 응답하겠고 네가 알지 못하는 크고 은밀한 일을 네게 보이리라(렘 33:2~3).

요나는 물고기 뱃속에서도 기도했습니다.

[1]요나가 물고기 뱃속에서 그의 하나님 여호와께 기도하여 이르되 [2]내가 받는 고난으로 말미암아 여호와께 불러 아뢰었더니 주께서 내게 대답하셨고 내가 스올의 뱃속에서 부르짖었더니 주께서 내 음성을 들으셨나이다 [3]주께서 나를 깊음 속 바다 가운데에 던지셨으므로 큰 물이 나를 둘렀고 주의 파도와 큰 물결이 다 내 위에 넘쳤나이다 [4]내가 말하기를 내가 주의 목전에서 쫓겨났을지라도 다시 주의 성전을 바라보겠다 하였나이다 [5]물이 나를 영혼까지 둘렀사오며 깊음이 나를 에워싸고 바다 풀이 내 머리를 감쌌나이다 [6]

내가 산의 뿌리까지 내려갔사오며 땅이 그 빗장으로 나를 오래도록 막았사오나 나의 하나님 여호와여 주께서 내 생명을 구덩이에서 건지셨나이다 [7]내 영혼이 내 속에서 피곤할 때에 내가 여호와를 생각하였더니 내 기도가 주께 이르렀사오며 주의 성전에 미쳤나이다(욘 2:1~7).

3) 몸이 아플 때에 기도해야 한다

[14]너희 중에 병든 자가 있느냐 그는 교회의 장로들을 청할 것이요 그들은 주의 이름으로 기름을 바르며 그를 위하여 기도할지니라 [15]믿음의 기도는 병든 자를 구원하리니 주께서 그를 일으키시리라 혹시 죄를 범하였을지라도 사하심을 받으리라 [16]그러므로 너희 죄를 서로 고백하며 병이 낫기를 위하여 서로 기도하라 의인의 간구는 역사하는 힘이 큼이니라(약 5:14~16).

히스기야의 죽을병도 기도를 통해 나을 길을 얻었습니다.

[2]히스기야가 얼굴을 벽으로 향하고 여호와께 기도하여 [3]이르되 여호와여 구하오니 내가 주 앞에서 진실과 전심으로 행하며 주의 목전에서 선하게 행한 것을 기억하옵소서 하고 히스기야가 심히 통곡하니 [4]이에 여호와의 말씀이 이사야에게 임하여 이르시되 [5]너는 가서 히스기야에게 이르기를 네 조상 다윗의 하나님 여호와께서 이같이 말씀하시기를 내가 네 기도를 들었고 네 눈물을 보았노라 내가 네 수한에 십오 년을 더하고 [6]너와 이 성을 앗수르 왕의 손에서 건져내겠고 내가 또 이 성을 보호하리라(사 38:2~6).

1996년 시사 주간지《타임》6월 24일자 커버스토리에 따르면 미국인의

82%가 기도하면 병을 고칠 수 있다고 믿으며, 하나님께서 중환자를 치유하기 위해 때때로 개입하신다고 믿는 사람은 73%에 이른다고 보도했습니다. 같은 해 하버드 의대의 허버트 벤슨 박사가 펴낸《영원한 치유》(Timeless Healing)라는 책에서 벤슨은 기도를 반복하면 이완 반응(relaxation response)을 불러일으키므로 건강에 도움이 된다고 주장한 바 있습니다.

2009년 2월 23일자《타임》의 커버스토리는 기도가 건강에 긍정적 영향을 미친다는 몇몇 연구 사례를 열거하였습니다. 이 사례에 의하면 미국 텍사스 대 인구통계학자 로버트 흄머가 1992년부터 교회에 열심히 다니는 독실한 신자들의 건강 상태를 분석했는데, 일주일에 한 번 교회에 나가는 신자는 전혀 교회를 나가지 않는 비신자와 비교했을 때 특정 기간에 사망할 확률이 50%나 낮은 것으로 조사되었습니다. 피츠버그 의대 외과의사 대니얼 홀 역시 교회 신자가 보통 사람보다 2~3년 수명이 길다고 주장했습니다.

신앙생활, 그중에서도 기도는 질병을 이기는 하나님의 능력을 힘입게 만듭니다.

4) 기도는 믿음으로 해야 한다

우리가 기도하면 하나님께서 들으십니다.

기도를 들으시는 주여 모든 육체가 주께 나아오리이다(시 65:2).

¹⁹그러나 하나님이 실로 들으셨음이여 내 기도 소리에 귀를 기울이셨도다
²⁰하나님을 찬송하리로다 그가 내 기도를 물리치지 아니하시고 그의 인자하심을 내게서 거두지도 아니하셨도다(시 66:19~20).

5) 징벌받을 자들의 기도는 오히려 제한하신다

하나님께서는 주의 백성들을 징계하실 때에 그들의 기도를 듣지 않기로
하셨습니다. 그러므로 기도하지 않는 것은 죄이며, 죄를 짓는 것은 기도의
능력을 상실하게 만듭니다.

그러므로 기도의 능력을 회복하기 위해 우리는 우리의 삶을 하나님 앞에
바로 세우는 코람데오의 삶을 살아야 할 것입니다.

넓은 의미에서는 다 같은 기도이지만, 성경에 구별되어 표현되어 있거나 교회 내에서 여러 가지로 표현되는 기도에 대해 정리해보고자 합니다.

1) 간구(懇求, Requesting)

문자 그대로 풀이하면 간절히 구하는 기도를 의미합니다. 헬라어로는 '데시스'라고 하는데 이는 청원, 기원이라는 뜻입니다. 그러므로 간구는 간절히 청원하는, 무엇인가를 정해놓고 간절히 구하는 형태의 기도를 말하는 것이라 이해할 수 있습니다.

2) 도고(禱告, Petition)

도고는 간구와 거의 같은 뜻으로 쓰이는 단어입니다.

> 그러므로 내가 첫째로 권하노니 모든 사람을 위하여 간구와 기도와 도고와 감사를 하되(딤전 2:1).

3) 중보(中保, Mediation)기도

중보의 헬라어는 '메시테스'인데 '조정, 중재, 화해'라는 의미를 가지고 있습니다. 우리의 중보자는 오직 한 분뿐이십니다.

> 하나님은 한 분이시요 또 하나님과 사람 사이에 중보자도 한 분이시니 곧 사람이신 그리스도 예수라(딤전 2:5).

예수님의 중보자로서의 사역을 본받아서 우리가 다른 사람을 위해 중보할 수는 없지만 다른 사람을 위해 대신 기도해줄 수는 있습니다. 이를테면 다른 사람의 병 치유를 위해, 신앙 성장을 위해, 진로를 위해 기도할 수 있습니다. 그런 기도를 중보기도라고 합니다.

중보기도에도 하나님이 역사하십니다. 미국 콜롬비아 의대와 우리나라 가천의대가 공동으로 연구한 바에 따르면 불임환자를 두 그룹으로 나눈 후 전 세계에 산재한 그리스도인들에게 두 그룹 중 한 그룹에 소속된 환자들의 명단을 주고 그들을 위해 중보기도를 하도록 요청했습니다. 한 그룹은 중보기도가 없었고 다른 한 그룹은 중보기도를 받은 것입니다. 물론 중보기도 여부는 이들 두 그룹의 환자 모두에게 알리지 않았습니다.

일정한 시간이 흐른 후 중보기도를 받은 그룹의 환자들이 그렇지 않은 그룹의 환자들보다 임신 성공률이 2배 이상 높게 나타났다고 합니다. 2배 이상의 임신 성공률은 의학적인 설명이 불가능한 정도의 수치였기 때문에 두 대학의 의료진도 놀랄 수밖에 없었습니다. 중보기도의 효과는 참으로 대단합니다. 자식을 위한 부모의 중보기도, 남편을 위한 아내의 중보기도, 군에 간 아들을 위한 부모와 이웃의 중보기도 등 중보기도를 통해 역사하시는 하나님의 능력은 놀랍습니다. 이 능력을 체험하기를 원한다면 오늘 누군가를 위해 기도하기를 시작하고, 누군가에게는 자신을 위한 기도를 부탁해도 좋을 것입니다.

4) 합심(合心)기도

합심기도는 한 가지의 기도제목을 놓고 마음을 모아 함께 기도하는 것입니다. 한 자리에서 하든지 서로 다른 자리에서 하든지, 그리고 동일한 시간에 하든지 각각 다른 시간에 하든지 모두가 합심기도에 해당될 것입니다.

5) 통성(通聲)기도

통성기도는 문자 그대로 소리를 합하여 하는 기도입니다. 공동의 기도제목일 수도 있고, 각각의 개인적인 기도제목일 수도 있으며, 혹은 이 두 가지를 합한 것일 수도 있습니다. 통성기도의 유익은 남을 의식하지 않고 하나님께 부르짖듯 외칠 수 있다는 것인데, 인도자는 장소와 시간, 그리고 기도제목에 따라 통성기도를 해야 할 것인지 아닌지를 구분해야 할 것입니다. 통성기도는 전 세계적으로 있는 현상이지만, 특히 한국교회가 이 기도를 많이 드리기 때문에 외국에서는 흔히 '한국형 기도'(Korean Style Prayer)라고 칭하기도 합니다.

6) 묵상(默想)기도

소리 내지 않고 조용히 묵상하듯 하는 기도입니다. 예배 시에는 서두에 그리고 개인적으로는 혼자 말씀을 묵상할 때 할 수 있으며, 거리나 차 안이나 공원 등 어디에서든 가능합니다. 묵상기도는 개인과 대중을 막론하고 선택할 수 있는 기도 방법입니다.

이렇듯 여러 형태의 기도가 있지만, 본질상에는 차이가 없습니다. 그러므로 때와 장소, 기도의 구성원, 그리고 기도제목에 따라 자유롭고도 효율적으로 선택할 수 있습니다.

한편 기도하는 사람끼리는 영적으로 통합니다. 그들 사이를 하나님이 중재하심으로 신비한 소통을 경험하는 것입니다. 로마군 지휘관인 고넬료는 천사의 지시를 받아 베드로를 자기 집으로 청하기 위해 욥바라는 곳으로 사람을 보냈습니다. 마침 그 시간 베드로는 기도 중에 환상을 보고 그 사람들을 맞이하게 됩니다. 하나님께서는 당시의 유대인이 이방인과의 교제가 금기시되던 때임에도 불구하고 두 사람의 기도 가운데 간섭하셔서 서로 깊이 교제하게 하시고, 기도를 통해 확신을 얻게 하심으로 이방인에게 복음을 전하는 일이 시작되었습니다(행 10:1~23). 기도는 기도하는 자들끼리의 영적 소통을 가져옵니다.

■■■ 3. 기도에 대한 몇 가지 오해

1) 사람이 감동해야 한다

이는 기도의 본질에 대한 오해에서 비롯된 것으로서 기도는 사람이 아닌 하나님의 마음에 감동이 되어야 합니다. 하나님께 드려지는 것이기 때문입니다. 누군가의 기도를 듣고 "기도 잘 들었습니다"라며 마치 감상하듯이 말하는 경우가 있습니다. 그러나 기도는 설교와 다릅니다. 우리는 기도의 본질에 대해서 오해하지 말아야 합니다.

이에 대해 예수님은 다음과 같이 말씀하셨습니다.

> 또 너희는 기도할 때에 외식하는 자와 같이 하지 말라 그들은 사람에게 보이려고 회당과 큰 거리 어귀에 서서 기도하기를 좋아하느니라 내가 진실로 너희에게 이르노니 그들은 자기 상을 이미 받았느니라(마 6:5).

단, 회중을 염두에 두어야 하는 대표기도는 기도제목에 있어서 공동의 것으로 정하는 것이 좋습니다. 뿐만 아니라 기도에 사용하는 용어도 모두 이해할 수 있는 수준의 것이어야 합니다. 기도자는 회중이 합심하여 기도할 수 있도록 항상 회중을 고려해야 합니다.

2) 반복해서 오래 해야 한다

주문을 외우거나 우상에게 반복해서 부르짖듯이 기도하는 풍습과 성경의 기도를 혼돈해서는 안 됩니다. 물론 한나도 반복해서 기도했고 마음을 통해 장시간 기도했습니다(삼상 1장). 그러나 한나는 하나님께 심정을 통한 기도를 드렸고, 그것이 반복되고 장시간 이어진 형태였습니다. 중요한 것은 반복이나 시간의 길이가 아니라 하나님 앞에서 가난해진 마음으로 심정을 통해 드리는 기도인지 여부입니다. 진정성이 없는 형식적 반복 기도는 그 능력을 경험하기 어렵습니다.

예수님의 말씀에 보면 다음과 같이 기록되어 있습니다.

> 또 기도할 때에 이방인과 같이 중언부언하지 말라 그들은 말을 많이 하여야 들으실 줄 생각하느니라(마 6:7).
> *중언부언(重言復言): 생각없이 말을 반복하는 것
>
> 그들은 과부의 가산을 삼키며 외식으로 길게 기도하는 자니 그 받는 판결이 더욱 중하리라 하시니라(막 12:40).

단 한마디라도 진정으로 하는 것이 중요합니다. 살아 계신 하나님, 우리가 기도하면 반드시 들으시는 하나님을 생각하며 믿음으로 기도하십시오.

3) 기도는 일방향(一方向)이다

기도는 사람이 하고, 들으시고 응답하시는 분은 하나님이십니다. 그래서 기도할 때 우리는 이쪽에서 말하고 저쪽 편에 계시는 하나님은 듣기만 하신다고 생각하기가 쉽습니다. 그러나 기도는 대화이지 통고나 보고가 아닙니다. 다시 말해 가기만 하고 되돌아오지 않는 편도 차편이 아니라는 것입니다. 우리는 기도하면서 지금 내 기도를 들으시는 하나님을 의식하며 하나님의 마음과 뜻을 헤아릴 수 있어야 합니다. 때로는 하나님의 음성을 듣는 시간도 가져야 합니다. 이는 물리적인 소리로서의 음성뿐 아니라 내 마음의 감동이나 깨달음, 통찰력 등을 말합니다.

그래서 기도를 하고 나면 공허해지고 허탈해지는 것이 아니라 하나님과의 대화를 통해 하나님과 더 가까워지고, 기도의 정신과 정서가 삶으로 이어지는 충만함을 맛보아야 합니다. 때로는 기도 시간에 정신없이 하나님께 말만 하고 나서 정작 무슨 기도를 했는지도 기억을 못 하는 경우가 있습니다. 그것은 기도를 기도자만 말하는 일방향의 행위로 오해했기 때문입니다. 성경의 인물들을 보면 기도하는 가운데 즉각 응답을 받기도 하고 기도 중에 환상을 보기도 하고 기도 중에 깨달음을 얻기도 합니다. 기도는 일방향이 아닌 쌍방향의 교제이며 하나님의 살아 계심을 체험할 수 있는 역동적인 행위입니다.

4) 방언(方言)기도에 관한 오해들

방언(tongue)은 헬라어로 '글롯싸'라고 하는데 이는 '혀', '언어' 등으로 번역됩니다. 방언은 하늘의 신비한 언어라고 설명할 수 있습니다. 세상에 없는 언어이거나 혹은 어느 지역에선가 쓰이는 언어를 다 포함하고 있다고 보면 됩니다. 그래서 방언하는 자들을 위해 통역하는 자가 필요하다 하셨고 방언하는 자는 또한 통역하기를 사모하라고 하십니다.

신약에서의 방언은 사도행전 2장부터 등장합니다. 오순절(유월절 후 50일 지난 날)에 임한 성령님의 역사로 사람들이 방언을 하게 되었습니다.

> [1]오순절 날이 이미 이르매 그들이 다 같이 한곳에 모였더니 [2]홀연히 하늘로부터 급하고 강한 바람 같은 소리가 있어 그들이 앉은 온 집에 가득하며 [3]마치 불의 혀처럼 갈라지는 것들이 그들에게 보여 각 사람 위에 하나씩 임하여 있더니 [4]그들이 다 성령의 충만함을 받고 성령이 말하게 하심을 따라 다른 언어들로 말하기를 시작하니라 [5]그때에 경건한 유대인들이 천하 각국으로부터 와서 예루살렘에 머물러 있더니 [6]이 소리가 나매 큰 무리가 모여 각각 자기의 방언으로 제자들이 말하는 것을 듣고 소동하여(행 2:1~6).

또한 방언은 믿음의 증거로 나타나고 있습니다.

> 믿는 자들에게는 이런 표적이 따르리니 곧 그들이 내 이름으로 귀신을 쫓아내며 새 방언을 말하며(막 16:17).

방언은 여러 은사 중의 하나로 주어졌습니다. 여러 은사가 지금도 존재하는 것처럼 방언도 그렇게 존재합니다.

그러나 은사가 다양하여 사람마다 받은 은사가 다르듯이 방언의 은사도 받은 사람이 있고 받지 않은 사람도 있습니다.

방언을 주신 목적은 어떤 사람이 믿음이 부족할 때, 혹은 어떤 공동체가 믿음이 부족할 때 신비한 하늘의 언어를 체험하게 함으로 믿음을 확증하는 데 도움이 되게 하기 위함입니다.

하나님의 존재를 확실히 믿고 믿음의 훈련을 쌓는 일에 열심을 내는 신자들에게는 방언의 은사가 굳이 필요하지 않고 다른 은사가 더 필요할지도 모르기에 방언을 안 주시는 경우도 있을 수 있습니다.

그러므로 방언을 무슨 권세나 영적 수준을 말하는 잣대로 일방적으로 사용하는 것은 삼가야 할 것입니다. 성경은 이렇게 말씀하고 있습니다.

그러나 방언은 교회 내에서 여전히 유익한 신앙의 수단이며 영적 무기입니다.

방언을 신앙적인 권위의 상징으로 사용하거나, 반대로 방언을 무시하거나 하는 일은 둘 다 삼가야 할 일입니다. 방언기도는 더 깊은 기도, 더 간절한 기도 그리고 다른 사람들을 의식하지 않고 기도자 중심으로 마음을 토해내는 기도로서 유익하다 할 수 있습니다. 그러나 하나님은 방언이 아니더라도 이 모든 것을 할 수 있는 기도의 방법 또한 열어놓으셨음을 잊지 말아야 합니다.

■■■ 4. 기도의 본질

기도는 하나님과 통하는 영적인 호흡이며 모든 상황 속에서 드릴 수 있는 영적 소통의 수단입니다.

기도는 하나님께 드리는 것이며 모든 기도는 하나님이 들으시고 응답하십니다(심지어 기도대로 되지 않은 것도 하나님의 응답입니다. '안 된다'라고 하시는 'NO'의 응답인 것입니다. 물론 이것이 'NO'의 응답인지 아닌지를 구별하는 것은 쉽지 않습니다). 그리고 기도를 통해 궁극적으로 하나님의 뜻을 구현해나가야 합니다. 나의 뜻과 의지를 관철해나가려는 기도는 하나님의 마음을 움직일 수 없습니다.

미국의 남북전쟁이 한창일 때 참모들이 링컨 대통령에게 이런 보고를 했습니다. "각하! 우리 참모들이 하나님께서 우리 편이 되어달라고 열심히 기도했습니다. 그러니 힘내십시오." 그러자 대통령은 이렇게 말했습니다. "하나님께서 우리 편이 되어달라고 기도하지 마시고 우리가 하나님 편이 되게 해달라고 기도하십시오."

성경을 읽고, 성도 간의 교제를 나누고, 성경공부를 하고, 제자훈련을 받고, 기도하는 중요한 이유 중의 하나는 하나님의 뜻을 좀 더 명확히 알기 위함입니다. 어찌 하든지 하나님 편에 더 가까이 서기 위함입니다. 기도를 통해 더욱 하나님 편에 가까이 서는 열매가 있어야 하겠습니다.

예수님은 바른 기도생활의 모범을 보여주셨습니다. 다음은 예수님의 기도 생활에서 엿볼 수 있는 조건들입니다.

1) 정한 시간에

예수님은 물리적인 시간에 맞추어 기계적으로 기도 시간을 정하시지는 않았습니다. 그러나 복음서에 새벽 한적한 곳에서(막 1:35) 또는 40일간 광야에서(막 1:12), 체포되시기 직전 겟세마네 동산에서(막 14:32) 기도하시는 모습을 보게 됩니다. 예수님은 기도할 시간을 구별해놓으셨으며 기도가 필요할 때 반드시 기도하시고 다음 사역을 맞이하셨습니다. 우리도 시간을 정해놓고, 혹은 그렇지 않을지라도 일상에서 잠시 물러나 하나님과 대화하는 기도의 시간을 가져야 합니다.

2) 모든 상황(장소, 시간)에서

예수님은 광야, 동산, 한적한 곳, 십자가 위(마 27:46; 눅 23:46; 눅 23:34)를 포함한 모든 상황 속에서 기도하셨습니다. 오병이어의 기적을 앞두고 광야에서(요 6:11), 죽은 나사로를 살리시기 전 무덤 앞에서(요 11:41~44) 기도하셨습니다. 요나는 고기 뱃속에서 기도했습니다. 다니엘은 죽음의 위협 속에서 기도했습니다(단 6:10~15). "호랑이에게 물려가도 정신만 차리면 산다"라는 속담이 있는데 "어떤 상황 속에서도 기도하면 하나님이 일하신다"라는 믿음으로 항상 기도해야 합니다. 우리에게 모든 것이 막혀 있는 것처럼 보여도 '기도의 문'만은 항상 열려 있기 때문입니다.

3) 하나님의 뜻을 구하는 기도

예수님은 십자가 죽음을 앞두고 매우 괴로워하셨습니다. 땀샘으로 피가 나올 정도로 고통스러운 가운데 심정을 다하여 하나님께 기도하셨습니다.

> 이 잔을 내게서 지나가게 하옵소서 그러나 나의 원대로 마시옵고 아버지의 원대로 하옵소서(마 26:39).

예수님은 그분의 원하는 바를 간구하셨지만 결국 아버지 하나님의 뜻대로 이루어지기를 기도하셨습니다. 우리도 무엇이든 구할 수 있습니다. 그러나 모든 기도는 완전하신 하나님의 뜻이 구현되는 도구로 드려질 때 응답됩니다. 그러므로 우리의 신앙생활은 하나님의 뜻이 무엇인지를 깨닫는 과정이라고 할 수 있습니다.

세상에서 가장 지혜로웠던 왕 솔로몬의 기도를 보십시오.

> [7]나의 하나님 여호와여 주께서 종으로 종의 아버지 다윗을 대신하여 왕이 되게 하셨사오나 종은 작은 아이라 출입할 줄을 알지 못하고 [8]주께서 택하신 백성 가운데 있나이다 그들은 큰 백성이라 수효가 많아서 셀 수도 없고 기록할 수도 없사오니 [9]누가 주의 이 많은 백성을 재판할 수 있사오리이까 듣는 마음을 종에게 주사 주의 백성을 재판하여 선악을 분별하게 하옵소서 [10]솔로몬이 이것을 구하매 **그 말씀이 주의 마음에 든지라** [11]이에 하나님이 그에게 이르시되 네가 이것을 구하도다 자기를 위하여 장수하기를 구하지 아니하며 부도 구하지 아니하며 자기 원수의 생명을 멸하기도 구하지 아니하고 오직 송사를 듣고 분별하는 지혜를 구하였으니 [12]내가 네 말대로 하여 네게 지혜롭고 총명한 마음을 주노니 네 앞에도 너와 같은 자가 없었거니와

솔로몬은 자신을 겸손히 낮추고 하나님께서 왕으로 세우신 그 역할을 잘
감당할 수 있게 해달라고 지혜를 구했습니다. 이것이 하나님 마음에 드셨다
고 기록하고 있습니다. 하나님은 솔로몬에게 그가 구하지 아니한 부와 장수
의 복까지도 주십니다.

그래서 항상 우리는 그의 나라와 그의 의(義, 옳다 하심)를 먼저 구해야 하
는 것입니다. 그렇지 않을 경우 우리가 드리는 기도는 하늘나라에서 '**잡동사
니 우편물처럼 취급될지도 모른다**'고 후안 카를로스 오르티즈 목사님은 말했
습니다.

4) 응답은 주님의 시간에, 주님의 방법으로

우리는 10달도 안 된 태아를 출산하게 해달라는 식으로 기도하는 경우가
종종 있습니다. 그리고 말도 안 되는 내용을 청구하는 기도도 많이 합니다.
세상 사람들의 기도를 다 그대로 들어주신다면 지금 당장 지구는 엉망진창
이 되어버릴 것이고 우리 모두가 해를 당할 것입니다. 그리고 수많은 사람
이 그 기도를 다 들어주신 하나님을 원망할 것입니다.

어린아이들이 부모에게 간청하는 것 중에는 아이에게 유익한 것들도 있
지만 많은 경우에는 전혀 무익하거나 심각한 해가 되는 것들도 있음을 우리
는 알고 있습니다. 또 어떤 경우에는 더 좋은 것을 모르고 그보다 덜 좋은 것
을 간절히 구할 때도 있습니다. 또한 지금이 아닌 나중에 필요한 것을 부적

절한 시기에 구하는 경우도 있을 것입니다. 그러나 그 모든 것을 구하는 것 자체가 나쁜 것은 아닙니다. 그만큼 부모를 신뢰하고 또 사랑하기 때문에 그렇게 하는 것이므로 오히려 귀엽고 사랑스럽습니다. 그러나 부모는 아이에게 가장 적절하고 좋은 것으로 응답해주어야 하고 때로는 설명과 교육도 필요합니다.

우리는 하나님께 이런저런 간구를 할 수 있습니다. 때로는 '이것이 하나님의 뜻에 맞는 걸까?' 하는 의구심을 가지고 기도할 때도 있을 것입니다. 기도하는 것 자체가 문제 되지는 않습니다. 다만 모든 기도를 드린 후에 하나님은 나에게 내가 구한 것 이상으로 가장 좋은 것을, 가장 좋은 때에 그리고 가장 성경적인 방법으로 주실 것이라고 하는 믿음을 가지면 됩니다. 하나님은 꼭 그렇게 하십니다.

> 자기 아들을 아끼지 아니하시고 우리 모든 사람을 위하여 내주신 이가 어찌 그 아들과 함께 모든 것을 우리에게 주시지 아니하겠느냐(롬 8:32).

하나님은 모든 것을 우리에게 주시기를 원하십니다. 그러나 그것이 우리에게 가장 좋은 것일 때에 주십니다. 그러므로 지금 우리에게 당도한 현실은 '지금'의 '우리'에게는 최고의 것입니다. 최고의 것을 주신 하나님을 찬양합니다.

1) 주기도문에서 얻는 지혜

주기도문(마 6:9~15)은 예수님께서 친히 가르쳐주신 내용과 형식이라는 면에서 기도의 모범이라 할 수 있습니다. 주기도문은 먼저 하나님을 찬양하고 높이는 것으로 시작합니다(9절). 그리고 하나님의 뜻을 먼저 구합니다(10절). 그 후에 우리의 필요 사항들에 대한 간구로 구성되어 있습니다. 맨 마지막은 다시 하나님과 그분의 나라를 찬양하는 것으로 마무리됩니다. 주기도문을 묵상하며 위와 같은 형식과 내용을 익히시면 유익할 것입니다.

2) 예수님의 이름으로 기도하는 이유

기도는 하나님과의 대화이며, 예수님께서 그 대화의 중개자가 되십니다. 이는 우리가 앞의 과들에서 살펴보았습니다. 예수님은 우리의 기도를 아버지 하나님께 지금도 간구하십니다.

> 누가 정죄하리요 죽으실 뿐 아니라 다시 살아나신 이는 그리스도 예수시니 그는 하나님 우편에 계신 자요 우리를 위하여 간구하시는 자시니라(롬 8:34).

그래서 예수님께서 기도할 때에 예수님의 이름으로 기도하라고 가르치셨습니다.

> 두세 사람이 내 이름으로 모인 곳에는 나도 그들 중에 있느니라(마 18:20).

[13]너희가 내 이름으로 무엇을 구하든지 내가 행하리니 이는 아버지로 하여 금 아들로 말미암아 영광을 받으시게 하려 함이라 [14]내 이름으로 무엇이든 지 내게 구하면 내가 행하리라(요 14:13~14).

그래서 우리는 기도할 때 예수님의 이름을 의지하여 하나님께 기도하는 것입니다.

■■■ 7. 다음의 질문에 답하고 서로 나누어봅시다

기도에 대한 성경의 가르침 다섯 가지를 적어보십시오.

❶ ____
❷ ____
❸ ____
❹ ____
❺ ____

기도에 대한 오해 네 가지를 적어보고, 나의 기도생활과 관련하여 수정할 부분은 무엇인지 점검하고 함께 나누어보십시오.

❶ ____
❷ ____
❸ ____
❹ ____

위의 네 가지 내용을 나의 기도생활에 어떻게 적용할지를 함께 나누어보고, 기도 응답에 대한 생생한 체험과 더불어 실패한 기도, 즉 성경적인 원리에 기초하지 않았던 자신의 기도생활에 대해서 나누어보십시오.

 기도는 지구상의 거의 모든 종교들이 가지고 있는 의식입니다. 우리 전통 문화 속에서도 수많은 형태의 기도들이 있습니다. 그러나 기독교 이외의 종교는 기도의 대상이 없습니다. 기도를 듣고 응답할 대상이 없는 것입니다. 기도의 방식과 대상도 스스로 창안한 것들입니다. 우리 그리스도인들이 무감각적으로 기도하고 성경적 조명 없이 기도하며 일방적으로 기도하면 우리의 기도를 들으시는 하나님께 드리는 기도로서는 부족합니다. 이제 말씀에 근거하여, 하나님께서 들으시는 바른 기도를 드림으로 기도의 참 묘미와 능력을 회복할 수 있기를 기대합니다.

오늘의 말씀 다시 보기 | 너는 내게 부르짖으라 내가 네게 응답하겠고 네가 알지 못하는 크고 은밀한 일을 네게 보이리라(렘 33:3).

오늘의 찬송 2 | 361장 〈기도하는 이 시간〉

찬양에는 능력이 있다

찬송의 힘은 놀랍습니다. 군에서 행군하는 중에 군가를 부르면 힘이 납니다. 가끔 찬송가를 부르면서 행군하는 경우도 있는데, 정말 놀라운 힘이 솟는 것을 느낄 수 있습니다.

역대하 20장에 보면 전쟁터에 나가는 군대의 행렬 앞에 성가대를 배치하여 찬양을 하게 합니다. 〈요한계시록〉에 보면 24명의 장로들이 모여 하나님을 찬양하는 장면을 보게 됩니다. 찬양은 단순한 노래가 아니고 선포이며 능력의 요소입니다.

찬양의 의미와 그 목적, 그리고 찬양의 본질을 회복할 때 우리는 능력 있고 풍요로운 그리스도인의 삶을 누릴 수 있을 것입니다. 뿐만 아니라 찬양은 삶의 내용이기도 합니다. 노래와 악기로도 찬양을 하지만 우리의 삶으로도 하나님을 높여 드릴 수가 있습니다. 이것 또한 넓은 의미의 찬양입니다.

찬양은 천국에서도 이어질 그리스도인의 특권이며 하나님이 우리를 지으
신 목적입니다.

오늘은 마지막 과를 나누는 시간입니다. 지난 7주 동안 다룬 내용을 회고하면서 잠시
복습의 시간을 갖도록 하겠습니다. 앞부분으로 돌아가서 1과부터 7과까지 핵심 내용
들을 복습해보시고, 가장 인상 깊었던 부분들에 대해 짤막하게나마 나누어보시기 바랍
니다(총 30분 소요).

8
찬양에는 능력이 있다

오늘의 말씀 | 호흡이 있는 자마다 여호와를 찬양할지어다 할렐루야(시 150:6).

오늘의 찬송 1 | 19장 〈찬송하는 소리 있어〉

■■■ 1. 찬양의 구분과 정의

찬양, 찬송, 복음송, 성가 등의 모든 용어가 각각 어떻게 다른지 또 공통점은 무엇인지 살펴보도록 하겠습니다.

1) 찬양(讚揚, Praise)

'아름답고 훌륭한 대상을 기려 존경을 표시하는 일체의 행위'를 찬양이라고 합니다. 성경에 나오는 찬양이라는 단어에는 크게 두 가지 의미가 있습니다. 첫째는 하나님을 높이는 기쁨이나 감정의 의미로, 둘째는 연주나 노래로 하나님을 높일 때 쓰였습니다. 그러므로 찬양에는 말과 행동, 혹은 마음으로 하는 하나님을 높이는 모든 표현이 내포되어 있다고 할 수 있습니다. 즉 하나님을 높이는 모든 행위가 찬양입니다.

성경은 다음과 같이 말씀합니다.

호흡이 있는 자마다 여호와를 찬양할지어다 할렐루야(시 150:6).

2) 찬송(讚頌, Hymnal)

찬송은 목소리로 하나님을 찬양하는 노래입니다. 우리의 찬송가나 시편의 찬송시, 혹은 연주 이 모든 것을 찬송이라 할 수 있습니다. 찬미(讚美)도 같은 의미입니다. 하나님의 성전에서는 이와 같은 일을 하는 사람들을 구별하여 엄격히 훈련시킨 후 그 일을 하게 했습니다.

사천 명은 문지기요 사천 명은 그가 여호와께 찬송을 드리기 위하여 만든 악기로 찬송하는 자들이라(대상 23:5).

아침과 저녁마다 서서 여호와께 감사하고 찬송하며(대상 23:30).

그들과 모든 형제 곧 여호와 찬송하기를 배워 익숙한 자의 수효가 이백팔십 팔 명이라(대상 25:7).

나팔 부는 자와 노래하는 자들이 일제히 소리를 내어 여호와를 찬송하며 감사하는데 나팔 불고 제금 치고 모든 악기를 울리며 소리를 높여 여호와를 찬송하여 이르되 선하시도다 그의 자비하심이 영원히 있도다 하매 그때에 여호와의 전에 구름이 가득한지라(대하 5:13).

3) 복음송(福音頌, Gospel)

찬송이나 찬미는 원칙적으로 시편의 가사를 근거로 한 것이며 하나님을 찬양하는 내용으로 된 노래나 연주를 말한다면, 복음송은 하나님에 대한 우리의 느낌, 감정, 혹은 신앙고백적 표현을 담은 노래를 말합니다. 복음송에는 같은 신앙의 형제자매들을 축복하며 격려하고 축하하는 내용들도 포함되어 있습니다. 원칙적으로 찬송가의 범주에 들 수 없지만, 하나님의 은혜 아래 있는 성도들의 고백과 교제를 위한 내용을 포함하고 있으므로 교회 내에서 많이 불리고 있습니다.

복음송과 찬송, 찬양을 엄격히 구별하는 이유는 하나님 외에 누구도 찬양의 대상이 될 수 없기 때문입니다. 구소련에서 혹은 북한에서는 지금도 사람을 신격화하여 찬양하며 높이고 있습니다. 십계명에서나 성경 전체에서 누구도 창조주이신 하나님의 자리에 이를 수 없음을 명확하게 말씀하고 있는 바, 우리는 하나님 이외의 다른 피조물을 찬양해서는 안 됩니다. 따라서 하나님을 찬양할 때 부르는 찬송과 인간의 감정을 표현하고 서로 격려하고 축복할 때 사용하는 복음송을 구별하는 것이 필요합니다.

■ 2. 삶으로 드리는 찬양

예배의 정의에서 의식으로 드리는 예배의 요소 중에 찬송이 있었습니다. 이때의 찬송이 노래나 연주로서 예배의 요소를 차지하는 것이라면 삶으로 드리는 예배에 있어서의 찬양이란 삶을 통해 하나님을 높여 드리는 것을 의미합니다. 즉 삶으로 드리는 찬양이란 하나님을 기쁘시게 하는 삶이고 하나님을 영화롭게 하는 삶을 말합니다. 이는 곧 하나님이 우리를 지으신 이유이기도 합니다. 삶 속에서 하나님을 기쁘시게 하기 위해 섬기고 봉사하고 전도하고 나누고 인내할 때, 하나님은 마치 거대한 성가대가 하나님을 찬송할 때와 같은 영광을 받으시고 삶으로 드리는 우리의 찬양을 기뻐하십니다.

날마다 우리 짐을 지시는 주 곧 우리의 구원이신 하나님을 찬송할지로다 (셀라)(시 68:19).
*셀라: 여흥구

내가 모태에서부터 주를 의지하였으며 나의 어머니의 배에서부터 주께서 나를 택하셨사오니 나는 항상 주를 찬송하리이다(시 71:6).

주 나의 하나님이여 내가 전심으로 주를 찬송하고 영원토록 주의 이름에 영광을 돌리오리니(시 86:12).

그러므로 하나님을 찬양하는 것은 하나님이 우리를 지으시고 택하신 목적과도 일치합니다.

³찬송하리로다 하나님 곧 우리 주 예수 그리스도의 아버지께서 그리스도 안에서 하늘에 속한 모든 신령한 복을 우리에게 주시되 ⁴곧 창세 전에 그리스도 안에서 우리를 택하사 우리로 사랑 안에서 그 앞에 거룩하고 흠이 없게 하시려고 ⁵그 기쁘신 뜻대로 우리를 예정하사 예수 그리스도로 말미암아 자기의 아들들이 되게 하셨으니 ⁶이는 그가 사랑하시는 자 안에서 우리에게

거저 주시는 바 그의 은혜의 영광을 찬송하게 하려는 것이라(엡 1:3~6).

[11]모든 일을 그의 뜻의 결정대로 일하시는 이의 계획을 따라 우리가 예정을 입어 그 안에서 기업이 되었으니 [12]이는 우리가 그리스도 안에서 전부터 바라던 그의 영광의 찬송이 되게 하려 하심이라 [13]그 안에서 너희도 진리의 말씀 곧 너희의 구원의 복음을 듣고 그 안에서 또한 믿어 약속의 성령으로 인치심을 받았으니 이는 [14]우리 기업의 보증이 되사 그 얻으신 것을 속량하시고 그의 영광을 찬송하게 하려 하심이라(엡 1:11~14).

그러므로 삶의 모든 영역 속에서 하나님을 높여드리는 찬양의 마음을 우리의 중심에서 내려놓으면 안 되겠습니다.

■ 3. 찬송의 능력

찬송에는 능력이 있습니다. 실로 상상 이상의 엄청나고 놀라운 일들이 찬송을 통해 나타납니다.

1) 하나님이 기뻐하신다

〈요한계시록〉에 보면 하나님과 어린양, 즉 예수님께서 영원토록 찬양을 받으시는 모습이 나오고 있습니다.

내가 또 들으니 하늘 위에와 땅 위에와 땅 아래와 바다 위에와 또 그 가운데

그리고 하나님은 이 세상의 어떤 피조물과 달리 영광과 찬송을 받으시기
에 합당하십니다. 찬송을 받으시기에 합당하신 하나님을 찬양함으로 하나
님을 기쁘시게 해드릴 수 있습니다.

2) 기적이 일어난다

바울과 실라가 감옥에 갇혔을 때를 생각해보십시오. 그들이 여호와를 찬
양하자 옥문이 열렸습니다.

3) 승리를 경험하게 된다

이스라엘 백성들은 전쟁터에 나갈 때에도 찬양단을 앞세웠습니다. 역대
히 20장에 나오는 장면은 놀랍습니다. 그 모든 군대와 무기보다 찬양대가
앞서 갑니다.

²¹백성과 더불어 의논하고 **노래하는 자들을 택하여 거룩한 예복을 입히고** 군대 앞에서 행진하며 여호와를 찬송하여 이르기를 여호와께 감사하세 그의 인자하심이 영원하도다 하게 하였더니 ²²그 노래와 찬송이 시작될 때에 여호와께서 복병을 두어 유다를 치러 온 암몬 자손과 모압과 세일 산 주민들을 치게 하시므로 그들이 패하였으니(대하 20:21~22).

두려움에 떨던 여호사밧 왕은 이로 인해 전쟁에서 승리하게 됩니다. 찬양을 함으로 우리는 영적·육적인 전쟁에서 승리를 경험하게 될 것입니다. 두렵거나 외롭거나 영적으로 연약해져 있다고 느낄 때 찬송하십시오. 놀라운 일이 일어날 것입니다.

4) 사탄 마귀가 물러간다

사울 왕이 악귀가 들렸을 때, 다윗이 수금이라는 악기로 찬양할 때 악귀가 물러갔습니다.

하나님께서 부리시는 악령이 사울에게 이를 때에 다윗이 수금을 들고 와서 손으로 탄즉 사울이 상쾌하여 낫고 악령이 그에게서 떠나더라(삼상 16:23).

사탄은 찬양을 싫어합니다. 그래서 악기와 노래로 하나님께 돌려야 할 찬양의 내용으로 교묘하게도 인간을 찬양하고 인간을 높이고 인간의 마음을 빼앗아가고 있습니다.

바벨론의 마지막 왕 벨사살은 자신의 권력과 부를 통해 하나님께 드려야 할 찬양과 영광을 오히려 자신과 사람에게 돌렸습니다. 그래서 결국 나라를 잃고 왕권을 상실하게 됩니다.

> 도리어 자신을 하늘의 주재보다 높이며 그의 성전 그릇을 왕 앞으로 가져다
> 가 왕과 귀족들과 왕후들과 후궁들이 다 그것으로 술을 마시고 왕이 또 보
> 지도 듣지도 알지도 못하는 금, 은, 구리, 쇠와 나무, 돌로 만든 신상들을
> 찬양하고 도리어 왕의 호흡을 주장하시고 왕의 모든 길을 작정하시는 하나
> 님께는 영광을 돌리지 아니한지라(단 5:23).

영적으로 죽은 자들, 그리고 지옥에 있는 사탄이나 장차 지옥에 들어갈 사탄의 자녀 된 사람들은 찬양할 수 없습니다.

> 죽은 자들은 여호와를 찬양하지 못하나니 적막한 데로 내려가는 자들은 아
> 무도 찬양하지 못하리로다(시 115:17).

> 스올이 주께 감사하지 못하며 사망이 주를 찬양하지 못하며 구덩이에 들어
> 간 자가 주의 신실을 바라지 못하되(사 38:18).
> *스올: 지옥

그러므로 찬양은 사탄의 권세를 이기는 능력의 상징이며 그리스도인의 특권입니다.

Q1 찬양, 찬송, 복음송의 뜻을 써보고 이 세 형태의 공통점과 차이점에 대해 말해보십시오.

Q2 '삶으로 드리는 찬양'의 뜻을 써보십시오. 그동안 내 삶에는 어떤 찬양이 있었는지, 그리고 앞으로 나의 삶이 찬양이 되기 위해 어떤 변화가 있어야 하는지 묵상해보고 함께 나누어보십시오.

Q3 찬송의 능력 네 가지를 적어보고 각각 자신의 삶 속에서 경험한 찬송의 능력에 대해 나누어보십시오.

❶ ____

❷ ____

❸ ____

❹ ____

Q4 하나님을 찬송하는 것과 하나님을 기쁘시게(혹은 하나님을 영화롭게) 하는 것은 사실상 같은 의미이며 이것은 궁극적으로 하나님을 예배하는 것과도 같습니다. 그러므로 "그리스도인은 누구인가?"라는 질문에 대해서 "하나님을 찬송하며 삶으로 예배하며 이를 통해 하나님을 기쁘시게 하는 자"라고 정의내릴 수 있는 것입니다. 찬송(찬양), 예배, 그리고 하나님을 기쁘시게 해야 할 그리스도인의 존재 목적과 관련하여 이 세 요소를 어떻게 실천할 것인가에 대해 생각해보고 이를 나누어보십시오.

인간이 추구하는 삶 속에는 부르고 싶은 노래, 흔들 수 있는 깃발(목표), 따르고 싶은 사상(진리)이 있어야 합니다. 그리스도인에게는 부를 수 있는 찬양이 있고 드높여 흔들 수 있는 삶의 목적이 있으며 따르고 싶은 하나님의 진리의 말씀이 있습니다. 이 세 가지를 생활 속에 녹여내고 조화하는 것은 매우 중요합니다. 하나님을 찬양하는 삶, 하나님을 찬양할 일이 더 많아지는 삶을 기대합니다.

오늘의 말씀 다시 보기 | 호흡이 있는 자마다 여호와를 찬양할지어다 할렐루야(시 150:6).
오늘의 찬송 2 | 21장 〈다 찬양하여라〉